Romeo y Julieta

William Shakespeare

ISBN-13:

978-1508464020

ISBN-10:

1508464022

SINOPSIS

Romeo y Julieta es un tragedia by **William Shakespeare** temprano en su carrera sobre dos jóvenes estrella-cruzados amantes cuyas muertes finalmente conciliación sus familias enemistadas. Entre las obras más populares de Shakespeare durante su vida y, junto con *Hamlet*, es una de sus obras más frecuentemente realizadas. Hoy en día, se consideran los caracteres del título arquetipo jóvenes amantes

CONTENIDO

Verona, Italia: 1590, julio

ROMEO ....Hijo de MONTAGUE

BENVOLIO...Montague primo de ROMEO

BALTHASAR...Montague Fraile de ROMEO

ABRAM ....Montague criado

LORD MONTAGUE.Padre de ROMEO

LADY MONTAGUE.Madre de ROMEO

JULIET........................Hija de CAPULETO, 13 años de edad

TYBALT ....Capulet primo de Julieta

SAMPSON.Sirviente de Capuleto

GREGORY...Sirviente de Capuleto

LORD CAPULETO...Padre de Julieta, en sus años 50

SEÑORA CAPULETO...Madre de Julieta, de 27

NURSE ....Sirviente de Capuleto una Julieta

PETER ....Sirviente de Capuleto una enfermera

MERCUTIO...Amigo de ROMEO, relacionados con el príncipe

CONDADO DE PARÍS...Recuento para casarse con Julieta, relacionados con el príncipe

PRÍNCIPE ESCALUS...Príncipe de Verona

FRAY LORENZO...Franciscano se casa con Julieta ROMEO &

FRAILE JOHN...LAWRENCE lleva mensaje de fraile

BOTICARIO...Vende el veneno a ROMEO

CIUDADANOS, funcionarios, músicos, guardias, etc...

ACTO I
PRÓLOGO

Dos familias, dos iguales en dignidad,
En Verona, donde ponemos nuestra escena,
Desde antiguo rencor descanso a un nuevo motín,
Donde la sangre hace civil las manos sucia.
Desde adelante los lomos de estos dos enemigos mortales
Un par de estrellas-Cruz amantes llevaría su vida;
Cuyo derrocamiento lastimoso desventurado
Con su muerte enterrar conflictos de sus padres.
Encanta el pasaje temeroso de su muerte-mark,
Y la continuidad de la ira de sus padres,
Que, pero el final de sus hijos, podría quitar el cero,
Ahora es el tráfico de las dos horas de nuestro escenario;
El que si asistes con orejas de paciente,
Lo que aquí se echa en falta, nuestro trabajo se esforzará reparar.

ESCENA I. Verona. Un lugar público.

Introduzca SAMPSON y GREGORY, de la casa de Capuleto, armado con espadas y escudos

SAMPSON

Gregory, de mi palabra, usted no llevamos carbones.

GREGORY

No, entonces deberíamos estar colliers.

SAMPSON

Es decir, un estar en cólera, vamos a dibujar.

GREGORY

Sí, mientras vives, sacar el cuello del collar.

SAMPSON

Yo golpeo rápidamente, siendo movido.

GREGORY

Pero tú no eres trasladado rápidamente a la huelga.

SAMPSON

Un perro de la casa de Montague me conmueve.

GREGORY

Para mover es revolver; y para ser valiente es ponerse de pie:
por lo tanto, si tú eres movido, tú runn'st lejos.

SAMPSON

Un perro de la casa moverán me pare: lo haré
tomar la pared de cualquier hombre o dama de Montague.

GREGORY

Te muestra a un esclavo débil; para los más débiles va
a la pared.

SAMPSON

Verdadero; y por lo tanto, las mujeres, son los barcos más débiles,
Nunca son empujados a la pared: por lo tanto lo empujaré
Los hombres de Montague de la pared y empuje de sus sirvientas
a la pared.

GREGORY

La pelea es entre nuestros amos y nosotros los hombres.

SAMPSON

' Tis todos uno, me mostraré un tirano: cuando yo
han luchado con los hombres, será cruel con el
las criadas y sus cabezas cortadas.

GREGORY

Los jefes de las criadas.

SAMPSON

Sí, los jefes de las criadas, o sus ariscas;
Tómalo en qué sentido que quisieres.

GREGORY

Lo deben tomar en sentido de que sentirlo.

SAMPSON

Deberá sentir mientras que yo soy capaz de soportar: y
"es sabido que soy un buen pedazo de carne.

GREGORY

' Tis bien tú no eres peces; Si tú hubieras, tú
Si hubieras sido pobre Juan. Dibujar tu herramienta! Aquí viene
dos de la casa de los Montesco.

SAMPSON

Mi arma desnuda está hacia fuera: pelea, moverá hacia atrás te.

GREGORY

¡ Cómo! ¿tu espalda y correr?

SAMPSON

No temáis.

GREGORY

No casarse; Tengo miedo de ti!

SAMPSON

Tomemos el derecho de nuestros lados; que comienzan.

GREGORY

Yo se frunce el ceño cuando pasan y que ellos se encarguen como
lista.

SAMPSON

No, como se atreven. Te morderé mi pulgar en ellos;
que es una desgracia para ellos, si lo llevan.

Entre ABRAHAM y Baltasar

ABRAHAM

¿Se mordió el dedo pulgar en nosotros, señor?

SAMPSON

Muerdo mi pulgar, señor.

ABRAHAM

¿Se mordió el dedo pulgar en nosotros, señor?

SAMPSON

[Aparte a Gregorio] Es la ley de nuestro lado, si te digo
¿Ay?

GREGORY

No.

SAMPSON

No, señor, no muerde mi pulgar en ti, señor, pero
muerdo mi pulgar, señor.

GREGORY

¿Protestas, señor?

ABRAHAM

Señor pelea! No, señor.

SAMPSON

Si lo haces, señor, estoy para ti: sirvo como un hombre como usted.

ABRAHAM

No hay mejor.

SAMPSON

Bueno, señor.

GREGORY

Decir ' mejor:' ahí viene uno de los parientes de mi amo.

SAMPSON

Sí, mejor, señor.

ABRAHAM

Mientes.

SAMPSON

Dibujar, si ser hombres. Gregory, recuerda tu golpe swashing.

Se pelean

Introduzca BENVOLIO

BENVOLIO

Parte, tontos!
Guarden sus espadas; ¿Sabes lo que haces.

Golpea sus espadas

Introduzca TYBALT

TYBALT

¿Arte has dibujado entre estas despiadadas hinds.
Vuélvete, Benvolio, mira a tu muerte.

BENVOLIO

, Pero mantener la paz: levanta tu espada,
O gestionar para parte a estos hombres conmigo.

TYBALT

¿Qué, dibujado y hablar de paz. Odio la palabra,
Como odio infierno, todos Montescos y ti:
Tengo en ti, cobarde!

Se pelean

*Entrar, varias de las dos cámaras, que se unen a la batalla; luego
introduzca a los ciudadanos, con los clubes*

Primer ciudadano

Clubes, facturas y partidarios. ¡ huelga! ganarles!
Abajo con los Capuletos! abajo con los Montescos!

Introduzca CAPULETO en su vestido y señora CAPULET

CAPULET

¿Qué ruido es este? Dame mi espada larga, ho!

SEÑORA CAPULET

Una muleta, una muleta. ¿por qué te pidió una espada?

CAPULET

Mi espada, digo! Viejo Montague ha llegado,
Y florece su espada a pesar de mí.

Introduzca MONTESCO y LADY MONTAGUE

MONTAGUE

Tu villano Capuleto,--no me abraces, déjame ir.

LADY MONTAGUE

Tú no debes remover un pie para buscar un enemigo.

Entrar en príncipe, con asistentes

PRÍNCIPE

Temas rebeldes, enemigos de la paz,
Profanadores de este acero manchado vecino,...
¿No oirá? ¿Ho! que los hombres, bestias,
Apagar el fuego de tu ira perniciosa
Con púrpuras fuentes de emisión de las venas,
So pena de tortura, de las manos ensangrentadas
Lanzar su mistemper tenían armas en el suelo,
Y oír la frase de su príncipe movido.
Tres reyertas civiles, criados de una palabra aireada,
Por ti, viejo Capuleto y Montesco,
Han disturb'd tres veces la tranquilidad de nuestras calles,
Y los antiguos ciudadanos de Verona hizo
Emitidos por su tumba beseeming ornamentos,
Blandir antiguos partidarios, en manos tan antiguo,
Cancro sería con la paz, a parte que el cancro odiaría:
Si alguna vez perturbas nuestras calles
Sus vidas deberán pagar la multa de la paz.
Durante este tiempo, todos los demás salen lejos:
Te Capuleto; deberá estar conmigo:
Y, Montague, ven esta tarde,
Conocer nuestro placer adicional en este caso,
Libre-casco antiguo, nuestro juicio-lugar común.
Una vez más, bajo pena de muerte, todos los hombres salen.

Exeunt todo pero MONTAGUE, LADY MONTAGUE y BENVOLIO

MONTAGUE

¿Quien puso esta disputa antigua Nueva perfiladora?
¿Hablar, sobrino, estabas por cuando comenzó?

BENVOLIO

Aquí estaban los siervos de su adversario,
Y tuyo, cerca de lucha antes de acercan:
Dibujé a les parte: en el instante vino
La ardiente Tybalt, con su espada preparado,
Que, como respiraba desafío a mis oídos,
Él hizo pivotar sobre su cabeza y corta los vientos,
Que nada daño sin embargo hiss tenía en desprecio:
Mientras nos estuvimos intercambiando los empujes y golpes,
Vino cada vez más y se enfrentaron a parte y parte,
Hasta que llegó el príncipe, quien separó de cualquier parte.

LADY MONTAGUE

Oh, ¿dónde está Romeo? ¿Usted lo vio hoy?
Ahora me alegro de no estaba en la pelea.

BENVOLIO

Señora, una hora antes el anglicanismo tenía sol
Pares adelante sería la ventana dorada del Oriente,
Un atribulado moleste drave a caminar en el extranjero;
Donde, por debajo de la arboleda de sicómoro
Rooteth va hacia el oeste desde el lado de la ciudad,
Así caminar temprano hizo ver a su hijo:
Hacia lo que hice, pero estaba ware de mí
Y robó en la espesura de la madera:
Yo, midiendo su afecto por mi cuenta,
Que la mayoría están ocupado cuando están más solos,
Perseguido mi humor no perseguir su
Y alegre ningunas alegre que huyó de mí.

MONTAGUE

Muchos una mañana ha él se ha visto,
Con lágrimas aumentando el rocío fresco.
Añadiendo a las nubes más nubes con sus profundos suspiros;

Pero tan pronto como la aclamación de todo el sol
En el más lejano Oriente debe comenzar a dibujar
Las cortinas de la cama de Aurora, sombrías
Lejos de la luz le roba casa mi hijo pesado,
Y privado en su cámara, plumas
Calla sus ventanas, bloquea luz lejana
Y se hace una noche artificial:
Negro y portentoso debe probar este humor,
A menos que el Consejo puede eliminar la causa.

BENVOLIO

Mi tío noble, ¿sabes la causa?

MONTAGUE

No saben ni pueden aprender de él.

BENVOLIO

¿Lo ha importunado por cualquier medio?

MONTAGUE

Tanto por mí y muchos otros amigos:
Pero él, consejero de su afecto,
Es a sí mismo--no voy a decir cómo es cierto...
Pero a sí mismo tan secreta y tan cerca,
Lejos de sonar y el descubrimiento,
Como es el brote con un gusano de envidia,
Antes de que puede propagar sus hojas dulces al aire,
O dedicar su belleza al sol.
Pero podríamos aprender de donde crecen sus penas.
Como voluntariamente daríamos cura como sabe.

Entrar en ROMEO

BENVOLIO

Ver, donde viene: por favor, te, hazte a un lado;
Que sabrá su queja, o ser negado mucho.

MONTAGUE

Que tú fuiste tan feliz por tu estancia,
Para escuchar la confesión verdadera. Venga, señora, vamos lejos.

Exeunt MONTESCO y LADY MONTESCO

BENVOLIO

Buena mañana, primo.

ROMEO

¿El día es tan joven?

BENVOLIO

Nuevas nueve pulsadas.

ROMEO

Ay me! triste horas parecen largos.
¿Era mi padre que fue por lo tanto tan rápido?

BENVOLIO

Era. ¿Qué tristeza alarga las horas de Romeo?

ROMEO

No teniendo lo, que, teniendo, los hace corto.

BENVOLIO

¿Enamorado?

ROMEO

--

BENVOLIO

¿De amor?

ROMEO

Por favor, dónde estoy enamorado.

BENVOLIO

Por desgracia, ese amor, tan apacible en su opinión,
Debe ser tan tiránico y ásperas en la prueba!

ROMEO

Por desgracia, ese amor, cuya visión es sordo
Debería, sin ojos, ver las vías a su voluntad.
¿Dónde cenamos? ¡ Me! ¿Qué fray estuvo aquí?
Sin embargo, me diga no, porque lo he escuchado todo.
Aquí hay mucho que ver con odio, sino más con amor.
¿Por qué, entonces, peleas O el amor! Oh amor odio!
O cualquier cosa, de nada crear primero!
O levedad pesada! grave vanidad!
Mis-deforme caos de apariencia!
Pluma de plomo, brillante fuego frío, humo,
Salud enferma!
Sueño despierto todavía, eso no es lo que es!
Este amor que no siento ningún amor en este sentir.
¿Tú no te rías?

BENVOLIO

No, coz, prefiero llorar.

ROMEO

Buen corazón, qué?

BENVOLIO

En la opresión de tu buen corazón.

ROMEO

¿Por qué, tal es la transgresión del amor.
Penas de mi propia mentira pesados en mi pecho,
Que tú quieres propagar, tenerlo prest
Con más de tuyo: este amor que tú has mostrado
Añadir más dolor a demasiado de mí.
El amor es un humo criado con los humos de los suspiros;
Purgarse, un espumoso de fuego en los ojos de los amantes;
Ser vex'd un mar alimentó con lágrimas de los amantes:
¿Qué es más? una locura más discreta,
Una rozadura de asfixia y preservar un dulce.
Adiós, mi primo.

BENVOLIO

Suave! Voy a ir a lo largo;
Un si te vas me lo, me haces mal.

ROMEO

Tut, he perdido a mí mismo; No estoy aquí;
Esto no es Romeo, algunos otro dónde está.

BENVOLIO

Dime en la tristeza, que es que amas.

ROMEO

¿¿Gemir y digo?

BENVOLIO

Gemido! ¿por qué no.
Pero lamentablemente me digas quién.

ROMEO

Oferta de un enfermo en la tristeza hacen su voluntad:
Ah, palabra mal instó a uno que está tan enfermo!
En la tristeza, primo, amo a una mujer.

BENVOLIO

Lo objetivo sería tan cerca, cuando se supone que amaba.

ROMEO

Un hombre de bueno marca! Y es justo que me encanta.

BENVOLIO

Una marca bien justa, primo justo, es golpear lo más pronto posible.

ROMEO

Bueno, en ese golpe extrañas: ella no podrá ser golpeada
Con la flecha de Cupido; Ella tiene ingenio de la Dian;
Y, en prueba fuerte de castidad brazo bien,
De débil del amor infantil arco vive unharm haría.
Ella no quedará el asedio de términos amorosos,
Ni esperar el encuentro de ojos tentadores,
Ni ope su regazo al oro saint-seducir:
¡ Oh, es rica en belleza, solamente pobre,
Que cuando ella muere con belleza muere su tienda.

BENVOLIO

¿Entonces ella ha jurado que todavía vivirá casta?

ROMEO

Ella tiene y en eso escasamente hace enorme pérdida,
Por la belleza de hambre con su severidad
Cortó la belleza de la posteridad.
Ella es muy justa, muy sabia, sabiamente muy justo,
A la felicidad de mérito haciéndome desesperar:
Ella ha renunciado al amor y en ese voto
¿Vivo muerto que vivieron para contarlo ahora.

BENVOLIO

Ser gobernado por mí, se olvide de pensar en ella.

ROMEO

¡ Oh, me enseñó cómo debería olvidarme de pensar.

BENVOLIO

Dando libertad a tus ojos;
Examinar otras bellezas.

ROMEO

' Tis la manera
Para llamar a su exquisito, en una pregunta más:
Estas máscaras felices que se besan las cejas de damas
Ser negro nos puso en mente se esconde la feria;
Que es strucken ciego no puede olvidar
El preciado tesoro de su vista perdida:
Muéstrame a una amante que es limpio,
¿Qué servir su belleza, sino como una nota
¿Donde puedo leer que paso tuvo que pasar justo?
Despedida: tú no puedes enseñarme olvide.

BENVOLIO

Yo a pagar esa doctrina, o bien morir en deuda.

Exeunt

ESCENA II. Una calle.

Ingrese CAPULETO, PARIS y criado

CAPULET

Pero Montague va tan bien como yo,
En castigo por igual; y ' tis no es difíciles, creo,
Para los hombres tan viejos como para mantener la paz.

PARÍS

De honorable reckoning son dos;
Y la piedad ' tis que vivías en probabilidades tan largas.
Pero ahora, mi señor, ¿qué decís de mi traje?

CAPULET

Pero digo por lo que he dicho antes:
Mi hijo es todavía un desconocido en el mundo;
Ella no ha visto el cambio de catorce años,
Deja dos veranos más marchita en su orgullo,
Aquí le podemos pensar maduros para ser una novia.

PARÍS

Más joven que ella son madres felices hechas.

CAPULET

Y muy pronto marr son aquellos hechos tan temprano.
La tierra ha tenido tragar todas mis esperanzas, pero
Ella es la señora esperanza de mi tierra:
Pero cortejarla, suavemente a París, su corazón,

Mi voluntad a su consentimiento es sólo una parte;
Una está de acuerdo, dentro de su ámbito de aplicación de la opción
Miente mi consentimiento y justa según voz.
Esta noche tengo que un viejo famoso banquete,
Adonde he invitado a muchos invitados
Como te amo; y tú, entre la tienda,
Uno más, más agradable, hace que mi número más.
En la mirada de mi pobre casa para contemplar esta noche
Pisando tierra estrellas hacen el cielo oscuro ligero:
Tanta comodidad como hacer jóvenes vigorosos sensación
Cuando pozo-apparell tenía de abril en el talón
De pisadas de invierno cojeando, incluso tal deleite
Entre brotes frescos mujeres será esta noche
Heredar en mi casa; escuchar ver todo, todo,
Y como ella más cuyo mérito más deberá ser:
Que en la visión más, de muchas minas siendo uno
Puede estar parado en número, aunque en ninguno, reckoning
Ven, sígueme.

Al siervo, dando un papel

Go, sirrah, caminar sobre
A través de la Feria de Verona; descubrir aquellas personas
Cuyos nombres están escritos allí y con ellos
Mi casa y la bienvenida en su estancia de placer.

Exeunt CAPULETO y PARIS

Criado

¡ Descubra los cuyos nombres están escritos aquí! Es
escrito, que Zapatero debería inmiscuirse con su
patio y el sastre con su última, el pescador con
su lápiz y del pintor con sus redes; Pero yo soy
enviado a buscar a las personas cuyos nombres están aquí
escritura y puede encuentran nunca lo la escritura de los nombres
persona aquí ha escrito. Debo el docto.--en buen momento.

Introduzca BENVOLIO y ROMEO

BENVOLIO

Tut, hombre, otro quema un fuego está ardiendo,
Un dolor es lessen'd por la angustia;
Mareo, y ser holp girando al revés;
Curas un dolor desesperado con el de otro languidecen:
Toma una nueva infección en tu ojo,
Y el veneno de la vieja fila va a morir.

ROMEO

Su hoja de aldea es excelente para eso.

BENVOLIO

¿Por qué, te lo ruego.

ROMEO

De la su pierna rota.

BENVOLIO

¿Por qué, Romeo, arte tú loco?

ROMEO

No loco, pero obligado más que un hombre enojado;
Encerrados en la cárcel, mantenido sin mi comida,
Sería azotado y atormentado y--Dios-den, buen compañero.

Criado

Dios gi' Dios-den. Le ruego, señor, ¿puedes leer?

ROMEO

Sí, la mía propia fortuna en mi miseria.

Criado

Tal vez lo hayas aprendido sin libro: pero,
rezar, ¿puedes leer cualquier cosa ves?

ROMEO

Ay, si yo sé las letras y la lengua.

Criado

Podríais decir honestamente: descansar feliz!

ROMEO

Estancia, compañero; Puedo leer.

Lee

' Señor Martino y su esposa e hijas;
Condado de Anselme y sus bellas hermanas; la señora
viuda de Vitravio; Señor Placentio y su encantadora
sobrinas; Mercucio y su hermano San Valentín; mina
tío Capuleto, su esposa e hijas; mi sobrina justa
Rosaline; Livia; Signor Valentio y su primo
Tybalt, Lucio y la alegre Helena.' Una feria
¿montaje: dónde debe vienen?

Criado

Para arriba.

ROMEO

¿A dónde?

Criado

A la cena; a nuestra casa.

ROMEO

¿Casa de quién?

Criado

Mi maestro.

ROMEO

De hecho, debería haber llamado antes.

Criado

Ahora te voy a contar sin preguntar: mi maestro es el
gran rico Capuleto; y si no de la casa
de Montesco, orar, ven y aplastar una copa de vino.
Descansar feliz!

Salida

BENVOLIO

En esta misma fiesta antigua de Capulet
Devore la feria Rosaline quien tanto amas,
Con todas las bellezas admiradas de Verona:
Ir allá; y, con el ojo que,
Comparar su rostro con algunos que te mostraré,
Y haré que te crees que tu cisne un cuervo.

ROMEO

Cuando la religión devota de mis ojos
Mantiene tal falsedad, luego girar las lágrimas a incendios;
Y éstos, que a menudo campanariosy nunca podrían morir,
Los herejes transparentes, ser quemados por los mentirosos!
Uno más bello que mi amor! el sol que todo lo ve
Nunca vi coinciden desde el principio el mundo comenzado.

BENVOLIO

Tut, viste su feria, ninguno otro ser
Se prepara con ella misma en cada ojo:
Pero las escalas que se pesan en el cristal
Amor de su dama contra algunos otro criada
Que voy a mostrarte brilla en esta fiesta,
Y ella será escasa con Mostrar bien que ahora muestra mejor.

ROMEO

Iré a lo largo, no hay tal vista ser demostrado,
Pero para regocijarse en el esplendor del mío propio.

Exeunt

ESCENA III. Una habitación en casa de Capuleto.

Introduzca señora CAPULET y enfermera

SEÑORA CAPULET

Enfermera, ¿dónde está mi hija? llame adelante para mí.

Enfermera

Ahora, por mi virginidad, en doce años de edad,
Dijo que le ven. ¿Cordero! ¿mariquita!
Dios no lo quiera! ¿Dónde está esa chica? ¿Qué, Julieta!

Entra Julieta

JULIET

¿Cómo ahora! ¿Quién llama?

Enfermera

Tu madre.

JULIET

Señora, estoy aquí.
¿Cuál es tu voluntad?

SEÑORA CAPULET

Este es el asunto:--enfermera, dar un tiempo, dejar
Debemos hablar en secreto:--enfermera, vuelve;
Yo me he Acuérdate, ha oído nuestro Consejo.
Tú sabéis mi hija es de bastante edad.

Enfermera

Fe, te puedo decir su edad a una hora.

SEÑORA CAPULET

Ella no es 14 años.

Enfermera

A catorce de los dientes, yacía...
Y sin embargo, que los dientes se lo hablado, sólo tengo cuatro...
Ella no es 14 años. ¿Cuánto tiempo es ahora
¿A Lammas-marea?

SEÑORA CAPULET

Un par de semanas y días impares.

Enfermera

Par o impar, de todos los días en el año,
Ven Lammas-la víspera por la noche será catorce.
Susan y ella... descanse en todas las almas cristianas!...
Eran de una edad: Bueno, Susan es con Dios;
Ella era demasiado buena para mí: pero, como he dicho,
Lammas-víspera de noche será catorce;
Que será ella, casarse; Lo recuerdo bien.

' Tis desde el terremoto ahora once años;
Y ella era wean'd,--nunca olvidaré...
De todos los días del año, ese día:
Para entonces había puse ajenjo a mi cavado,
Sentado en el sol bajo el muro de la Paloma-casa;
Mi señor y estaba entonces en Mantua:...
No soporto un cerebro:--pero, como he dicho,
Cuando lo probar el ajenjo en el pezón
Mi cavado y fieltro es amargo, bastante tonto,
Para verla irascible y caer con el cavado.
Agitar dijo la Paloma-casa: ' twas no hace falta, me trow,
Que me invitan a caminar:
Y desde entonces lo es once años;
Pues que en pie sola; No, por la Cruz,
Ella podría haber corrido y todo waddled
Incluso el día antes, rompió la frente:
Y entonces mi marido--Dios esté con su alma!
A' era un hombre feliz, tomó al niño:
«Sí», dijo él, ' ¿tú caiga sobre tu rostro?
Que quisieres caída hacia atrás cuando has más ingenio;
Deseas no, Jule?' y por mi holidame,
El muy desgraciado dejó llorando y dice «Sí».
Para ver, ahora, cómo una broma vendrá!
Creedme, una que viviera 1 mil años,
Nunca debo olvidarlo: ' deseas no, Jule?' dijo él;
Y, bastante tonto, jactanciosas y dice «Sí».

SEÑORA CAPULET

Basta de esto; Te lo ruego, mantener tu paz.

Enfermera

Sí, señora: pero no puedo elegir pero reír,
Para pensar que debería dejar de llorar y decir «Sí».
Y aún así, creedme, tenía en su frente
Un golpe tan grande como la piedra del gallo joven;

Un golpe lamentable; y él lloró amargamente:
¿' 'Sí, dijo mi esposo, st 'caer' en tu rostro?
Que quisieres caída hacia atrás cuando vienes a la edad;
Deseas no, Jule?' jactanciosas y dice «Sí».

JULIET

Y tú escatimar demasiado, te lo ruego, enfermera, digo yo.

Enfermera

La paz, lo he hecho. Dios te marca a su gracia!
Fuiste la chica más guapa que e ' er cuidé:
Un yo podría vivir a verte casado una vez,
Tengo mi deseo.

SEÑORA CAPULET

Casarse, que 'matrimonio' es el tema muy
He venido a hablar de. Dime, hija Juliet,
¿Cómo se encuentra su disposición a estar casado?

JULIET

Es un honor que no sueño.

Enfermera

Un honor! No eran lo que suyo sólo enfermera,
Creo que tú hubieras chupar tuvo la sabiduría de tu pezón.

SEÑORA CAPULET

Bueno, creo que del matrimonio más joven que tú,
Aquí en Verona, señoras de estima,
Se realizan ya madres: por mi cuenta,
Yo era su madre mucho en estos años
Ahora eres una sirvienta. Así entonces en breve:
El valiente París te busca su amor.

Enfermera

Un hombre joven! Señora, un hombre
Como todo el mundo--es un hombre de cera.

SEÑORA CAPULET

Verano de Verona tiene no como una flor.

Enfermera

No, es una flor; en la fe, una flor.

SEÑORA CAPULET

¿Qué dices? ¿Puedes amar al señor?
Esta noche se contemplarán en nuestra fiesta;
Lea sobre el volumen de la cara del joven Paris,
Y encontrar placer escribió allí con la pluma de la belleza;
Examinar cada lineamiento casado,
Y ver cómo otro presta contenido
Y lo oculto en este volumen justo mentiras
Encontrar escrito en la margent de sus ojos.
Este precioso libro de amor, este amante desatada,
Para él, sólo le falta embellecer una cubierta:
El pez vive en el mar, y ' tis mucho orgullo
Para la feria sin esconderse dentro la feria:
Ese libro en los ojos de muchos comparten la gloria,
En oro abraza las cerraduras en la historia de oro;
Deberá entonces compartes todo lo que él posee,
Por tenerlo, haciéndose nada menos.

Enfermera

¡ Nada menos! No, más grande; las mujeres crecen por los hombres.

SEÑORA CAPULET

¿Habla brevemente, te puede gustar del amor de París?

JULIET

Miraré a semejante, si gusta mover:
Pero no más profundo se mirarán mis ojos
Que su consentimiento da fuerza para hacerla volar.

Entrar en un servidor

Criado

Los invitados son de señora, come, cena servida,
llamado, mi joven pidió la enfermera maldecida en
la despensa y cada cosa en la extremidad. Debo
por lo tanto esperar; Os lo ruego, siga recto.

SEÑORA CAPULET

Te seguimos.

Servidor de salida

Julieta, el condado se queda.

Enfermera

¡ Vamos, chica, buscan noches de días felices.

Exeunt

ESCENA IV. Una calle.

*Entrar en ROMEO, MERCUCIO, BENVOLIO, con cinco o seis mascaras,
portadores de la antorcha y otros*

ROMEO

¿Será este discurso habló por nuestra excusa?
¿O vamos a sin una disculpa?

BENVOLIO

La fecha es de tal prolijidad:
Vamos a tener ninguna Cupido hoodwink'd con una bufanda,
Teniendo un tártaro pintado moño de listón,
Asustando a las mujeres como un cuervo-guardián;
Ni ningún prólogo sin libros, débilmente habló
Después el apuntador, para nuestra entrada:
Pero que nos medimos por lo que quieran;
Nosotros les medir una medida y hayan desaparecido.

ROMEO

Dame una antorcha: no estoy para esta deambulando;
Siendo pero pesado, tendré la luz.

MERCUTIO

Nay, gentil Romeo, tenemos que bailar.

ROMEO

No, creo yo: tienes zapatos de baile
Con suela ágil: tengo alma de plomo
Así que me estacas en el suelo que no me puedo mover.

MERCUTIO

Usted es un amante; prestado alas de Cupido,
Y se elevan con ellos por encima de un común destino.

ROMEO

Soy enpierced muy dolorido con su eje
Que se disparan con sus plumas de luz y tan Unidos,

Yo no puedo obligado un tono arriba Ay aburrido:
Bajo carga pesada del amor hundirá.

MERCUTIO

Y, para hundirse en él, debe cargar el amor;
Opresión demasiado grande para una cosa tierna.

ROMEO

¿El amor es tierno? es demasiado áspero,
Demasiado rudo, demasiado bullicioso, y pica como espina.

MERCUTIO

Si el amor es duro contigo, ser duro con amor;
Amor por pinchazo, pinchazo y ganaste amor hacia abajo.
Dame un caso para poner mi rostro en:
Una visera para un visor! ¿Qué me importan
¿Qué ojo curioso cito deformidades?
Aquí están el escarabajo cejas se ruboriza por mí.

BENVOLIO

¡ Ven a golpear y entrar; y no antes
Pero cada hombre le transportarán a sus piernas.

ROMEO

Una antorcha para mí: dejar wantons luz del corazón
Cosquillas los juncos sin sentido con sus talones,
Porque yo soy proverbio sería con una frase del abuelo;
Podrá ser titular de una vela y ven.
El juego fue nunca tan bello, y terminé.

MERCUTIO

Tut, dun es el ratón, la palabra del policía:
Si eres dun, nosotros te dibujaré desde el fango
De este señor-reverencia amor, en donde tú stick'st
Hasta las orejas. Ven, quemamos la luz del día, ho!

ROMEO

Nay, que no es así.

MERCUTIO

Quiero decir, señor, en retardo
Estamos perdiendo nuestras luces en vano, como las lámparas por
día.
Tomar nuestro buen sentido, para nuestro juicio se sienta
Cinco veces en ese ere una vez en nuestras cinco ingenios.

ROMEO

Y queremos decir bien en que esta máscara;
Pero ' tis no ingenio para ir.

MERCUTIO

¿Puedo preguntar?

ROMEO

Yo sueño tuvo una sueño esta noche.

MERCUTIO

Y yo también.

ROMEO

¿Bueno, lo que era tuyo?

MERCUTIO

Que mienten a menudo soñadores.

ROMEO

En la cama durmiendo, mientras que mi sueño realidad de las cosas.

MERCUTIO

¡ Entonces, veo que reina Mab ha estado contigo.
Ella es partera de las hadas, y viene
En forma no más grande que una piedra ágata
En el primer plano-dedo de un concejal,
Dibujado con un equipo de poco atomies
Por las narices de los hombres como mienten dormidos;
Sus carro-radios hecho de largas patas de arañas,
La cubierta de las alas del saltamontes,
Los rastros de la telaraña más pequeño,
Los collares de vigas acuosa de luz de la luna,
Su látigo del hueso de cricket, el latigazo de la película,
Su wagoner un pequeño mosquito gris-revestido,
No tan grande como un pequeño gusano redondo
Pinchazo ' d del dedo vago de una criada;
Su carro es una vacía tuerca de avellana
Hecha por el carpintero ardilla o comida vieja,
Tiempo de espera o ' importa coachmakers de las hadas.
Y en este estado galopa por noche
A través de los cerebros de los enamorados, y entonces sueñan con amor;
Sobre las rodillas de cortesanos, ese sueño en court'sies recta,
Sobre los dedos de Juristas, que sueño recta sobre las tarifas,
Sobre los labios de señoras, que adelante besos soñar,
Que a menudo azota el Mab enojado con ampollas,

Porque sus respiraciones con dulces contaminados son:
En algún momento ella galopa sobre la nariz de un cortesano,
Y entonces los sueños de que huele un traje;
Y en algún momento ella viene con cola de cerdo de un diezmo
Cosquillas una párroco de nariz como un ' se encuentra dormido,
Luego los sueños, el de otro beneficio:
En algún momento ella ahuyenta por el cuello de un soldado,
Y luego de cortar las gargantas extranjeras, sueños
De las infracciones, ambuscadoes, hojas de español,
De saludes cinco-fathom profundo; y luego anon
Tambores en la oreja, en el cual comienza y estelas,
Y siendo así frighted Jura una oración o dos
Y duerme otra vez. Es ese mismo Mab
Eso plats las crines de los caballos en la noche,
Y cuece al horno las elflocks de pelos malos vocabulario
Que una vez desenredado, presagia mucha desgracia:
Esta es la bruja, cuando las criadas tumbarse sobre la espalda,
Los presiona y los aprende primero a bear,
Haciéndolos mujeres de buen transporte:
¿Esto está--?

ROMEO

Paz, paz, Mercutio, paz!
Tú hablas de nada.

MERCUTIO

Es cierto que hablar de sueños,
¿Cuáles son los hijos de un cerebro ocioso,
Engendra sólo fantasía vana,
Que es tan delgada de sustancia como el aire
Y más inconstante que el viento, que wooes
Incluso ahora el seno congelado del norte,
Y, siendo ira, soplos lejos de allí,
Girando la cara hacia el sur de rocío-cayendo.

BENVOLIO

Este viento, habla de, nos da a nosotros mismos;
Cena se realiza, y llegaremos tarde.

ROMEO

Me temo que demasiado pronto: para mi mente pañuelo
Una consecuencia aún colgando en las estrellas
Amargamente comenzará su fecha temeroso
Con esta noche se deleita y expira el término
De una vida despreciada cerrado en mi pecho
Por alguna prenda vil de muerte prematura.
Pero él, que tiene la tercera clase de mi curso,
Dirigir mi vela! En caballeros vigorosos.

BENVOLIO

Huelga, tambor.

Exeunt

ESCENA V. Una sala en casa de Capuleto.

Músicos esperando. Entrar en Servingmen con servilletas

Primer criado

¿Dónde está Potpan, que ayuda a no para llevar? Él
¿cambiar una zanjadora? raspa una zanjadora!

Segundo criado

Cuando buenos modales podrán recurrirse en uno o dos de los hombres
las manos y sin lavar, ' es una cosa horrible.

Primer criado

Distancia con los empalme-taburetes, retire el
corte-armario, mira a la placa. Bien, guardar

un pedazo de marchpane; y, como me amas,
el portero dejado en Susan Grindstone y Nell.
Antony y Potpan!

Segundo criado

Ay, muchacho, listo.

Primer criado

Eres buscado y pide, pide y
buscó, en la gran cámara.

Segundo criado

No podemos estar aquí y allá también. Cheerly, chicos; ser
enérgico un rato, y el hígado ya todo.

*Introduzca CAPULET, con Julieta y otras personas de su casa, conocer
a los huéspedes y mascaras*

CAPULET

¡ Bienvenidos, caballeros! Señoras que tienen sus dedos del pie
Unplagued con los callos tendrá una pelea con usted.
Ah, mis amantes! ¿Cuál de todos
¿Ahora se niega a bailar? lo que hace delicado,
Ella, te lo juro, tiene callos; ¿He venido cerca de vosotros ahora?
¡ Bienvenidos, caballeros! He visto el día
Que han llevado una visera y podría decir
Un cuento susurrando en el oído de una bella dama,
Tales como por favor: ' tis fue, ' tis fue, ' tis ido:
Eres Bienvenido, señores! Ven, músicos, jugar.
Un pasillo, un pasillo! dar espacio! y los pies, chicas.

Juegos de música, y bailan

Más ligero, te ases; y vuelta a la tortilla
Y apagar el fuego, la sala ha crecido demasiado caliente.
Ah, sirrah, unlook'd-para el deporte viene bien.

No,, siéntate, primo Capuleto;
Porque tú y yo somos nuestros bailes días pasados:
¿Cuánto tiempo es ahora desde la última tú y yo
¿Estaban en una máscara?

Segundo Capulet

Señora By'r, de treinta años.

CAPULET

¡ Qué, hombre! ' tis no tanto, ' tis no tanto:
' Tis desde las nupcias de Lucentio,
Llegado tan rápido como lo hará, Pentecostés
Unos veinte y cinco años; y entonces nos máscara tenía.

Segundo Capulet

' Tis más, "es más, su hijo es mayor, señor;
Treinta años es su hijo.

CAPULET

¿Me dirás?
Su hijo era un pabellón de hace dos años.

ROMEO

[Para una Servingman] ¿Qué mujer es eso, que os
enriquecer la mano
¿De aquel caballero?

Criado

No lo sé, señor.

ROMEO

¡ Oh, enseñaba las antorchas para quemar brillante!
Parece que cuelga en la mejilla de la noche
Como una rica joya en la oreja de un Lisandro;
Belleza demasiado rico para su uso, para la tierra muy caro!
Así muestra una paloma Nevada marchando con los cuervos,
Como aquella dama sobre sus programas de becarios.
La medida de hecho, podrá verla poner de pie,
Y ella, tocando bendito mi mano grosera.
¿Mi corazón amó hasta ahora? renunciar a él, vista!
Porque nunca vi la verdadera belleza hasta esta noche.

TYBALT

Esto, por su voz, debería ser un Montesco.
Tráeme mi estoque, muchacho. ¿Cómo atreve el esclavo
Ven acá, cubierta con una cara antic,
A burlarse y desprecio a la solemnidad.
Ahora, por la acción y el honor de mis parientes,
Para le parta un rayo, lo sostengo no es pecado.

CAPULET

¿Por qué, cómo, pariente! ¿por tanto te tormenta así?

TYBALT

Tío, esto es un Montesco, nuestro enemigo,
Un villano que tiene, venga acá a pesar,
Con desprecio en la solemnidad de esta noche.

CAPULET

¿Es joven Romeo?

TYBALT

' Tis él, ese villano Romeo.

CAPULET

Contenido ti coz suave, déjalo en paz;
Le lleva como un caballero corpulento;
Y, a decir verdad, se jacta de Verona de él
Para ser un virtuoso y bueno-gobernar sería juvenil:
Me gustaría no por la riqueza de todo el pueblo
Aquí en mi casa do lo menosprecio:
Por lo tanto, ser paciente, no tomar ninguna nota de él:
Es mi voluntad, la cual si te respeta,
Mostrar una presencia justa y posponer los ceños fruncidos,
E III-beseeming semblanza para un banquete.

TYBALT

Cabe, cuando tal un villano es un invitado:
Que no lo podrá soportar.

CAPULET

Él deberá ser soportado:
¿Chico goodman. Digo, deberá: a;
¿Soy el maestro aquí, o? Vete a.
Que no lo podrá soportar! Dios serán reparar mi alma!
Usted hará un motín entre mis invitados!
Pondrá cock-a-hoop! ¡ Serás el hombre!

TYBALT

Por eso, tío, "es una vergüenza.

CAPULET

Ir, para ir a;
¿Eres un chico picante: es, de hecho?
Este truco puede oportunidad de te de scathe, sé qué:
Contrario me debes! casarse, ' es hora.
Bien dicho, mi corazón! Eres un princox; ir a:

Estar tranquilo, o--más luz, más luz! ¡ Qué vergüenza!
Voy a hacer tranquilo. ¿Qué, cheerly, mis corazones!

TYBALT

Paciencia forzosamente con reunión deliberada Guillermo
Hace temblar en su diferente saludo a mi carne.
Retirará: pero esta intrusión
Ahora parecer dulce convertir a hiel amarga.

Salida

ROMEO

[A Julieta] Si profano con mi mano indigna
Este santuario, el fino suave es la siguiente:
Mis labios, dos peregrinos ruborizados, soporte listo
Para suavizar el tacto áspero con un tierno beso.

JULIET

Buen peregrino, haces mal la mano demasiado,
Muestra que controlarse devoción en esta;
Para los Santos tienen manos que tocan las manos de los peregrinos,
Y Palma a Palma es beso de palmeros.

ROMEO

¿También tiene los labios de los Santos ni palmeros?

JULIET

Ay, peregrino, labios que debe usar en la oración.

ROMEO

Oh, querido Santo, deja que los labios hacer manos;
Rezan, conceder, para que no gire a la fe a la desesperación.

JULIET

Aunque Santos no te muevas, conceder por el amor de oraciones.

ROMEO

Entonces no os mováis mientras efecto de mi oración que tomo.
Por lo tanto de mis labios, por ustedes, mi pecado.

JULIET

Entonces tengo mis labios tomó el pecado que ellos tienen.

ROMEO

¿El pecado de tus labios? O traspaso dulcemente instó a!
Dame mi pecado otra vez.

JULIET

Besas por el libro.

Enfermera

Señora, tu madre ansía una palabra contigo.

ROMEO

¿Cuál es su madre?

Enfermera

Casarse, soltero,
Su madre es la señora de la casa,
Y una buena mujer y un sabio y virtuoso
Cuidé de su hija, que hablas habían sin embargo;

Te digo, que puede poner mano de ella
Tendrán los chinos.

ROMEO

¿Es una Capuleto?
Oh querido cuenta! mi vida es la deuda de mi enemigo.

BENVOLIO

Lejos, vete; el deporte es la mejor.

ROMEO

Sí, así que me temo; el más es mi inquietud.

CAPULET

No, señores, preparar no a desaparecer;
Tenemos un banquete tonto insignificante hacia.
¿Es eso cierto? ¿por qué, entonces, agradezco a todos
Gracias, señores honestos; Buenas noches.
Antorchas más aquí! Vamos, vamos a la cama.
Ah, sirrah, por mi fay, lo ceras tarde:
Voy a descansar.

Exeunt pero JULIET y enfermera

JULIET

Acercaos, enfermera. ¿Qué es ese caballero?

Enfermera

El hijo y heredero del viejo Tiberio.

JULIET

¿Qué es el que ahora saldrá de la puerta?

Enfermera

Casarse, que, creo, ser joven Petrucio.

JULIET

¿Qué es el que sigue ahí, que no bailaría?

Enfermera

No lo sé.

JULIET

Pregúntele a su nombre: si es casado.
La tumba es ser mi lecho nupcial.

Enfermera

Su nombre es Romeo y un Montague;
El único hijo de su gran enemigo.

JULIET

Mi único amor surgido de mi único odio!
Visto demasiado temprano desconocido y conocido demasiado
tarde!
Prodigioso nacimiento del amor es para mí,
Que yo debo amar a un enemigo detestado.

Enfermera

¿Qué es esto? ¿Qué es esto?

JULIET

Una rima que learn'd hasta ahora
Uno bailaba sin embargo.

Uno llama a 'Julieta'.

Enfermera

Anon, anon!
Vamos, vamos; todos los extranjeros se han ido.

Exeunt

ACTO II

PRÓLOGO

Entrar en coro

Coro

Ahora deseo viejo está en la mentira de su lecho de muerte,
Y afecto joven gapes a ser su heredero;
Esa feria que amor gemido por y moriría,
Con licitación habría partido de Juliet, ahora no es justo.
Ahora Romeo es amado y ama
Betwitched igualmente por el encanto de miradas,
Pero a su enemigo se supone que él debe quejarse,
Y ella roba el anzuelo dulce amor de ganchos temerosos:
Llevando a cabo un enemigo, puede que no tenga acceso
Respirar estos votos como los amantes usan para jurar;
Y tanto en el amor, es mucho menos
Para cumplir con su nuevo amado donde:
Pero pasión presta ellos poder, significa el tiempo, para satisfacer
Temple de extremidades con dulce extrema.

Salida

ESCENA I. Un carril de la pared del huerto de Capuleto.

Entrar en ROMEO

ROMEO

¿Puedo ir hacia adelante cuando mi corazón está aquí?
Vuelta, tierra aburrido y encontrar tu centro.

Trepa la pared y salta hacia abajo dentro de la misma

Introduzca BENVOLIO y MERCUCIO

BENVOLIO

Romeo! mi primo Romeo!

MERCUTIO

Es sabio;
Y, en mi mentira, ha stol'n le casa a dormir.

BENVOLIO

Corrió de esta manera, y salto tuvo esta pared del huerto:
Llamada, buen Mercucio.

MERCUTIO

No, yo a conjurar demasiado.
Romeo! humores. loco! pasión! amante!
Te aparecen en la imagen de un suspiro:
Hablar, pero una rima, y estoy satisfecho;
Llorar pero ' Ay me!' se pronuncia 'amor' y 'Paloma';
Hablar con mi compadre una palabra justa Venus,
Un apodo por su hijo turbulentas y heredero,
Young Adam Cupido, que disparó tanto Adorno,
Cuando el rey Cophetua amaba la plebeya!
Él Oye no, que él incita no mueve no;
El mono está muerto, y yo le debo invocar.
Te conjuro por los ojos brillantes de Rosaline,
Por su alta frente y labios escarlata,
Por su buen pie, pierna recta y muslo tembloroso
Y los dominios que hay mentira adyacente,
En tu semejanza que aparecen a nosotros!

BENVOLIO

Y si te escuchó, ira él.

MERCUTIO

Esto no puede enojar: ' sería enfadarlo
Para levantar un espíritu en el círculo de su amante
De una naturaleza extraña, deje que se quede allí
Hasta había soñado y conjurado
Que fueron algunos rencor: mi invocación
Es justo y honesto y en su amante s' nombre
Evocan sólo sino que lo levanta.

BENVOLIO

Ven, se ha escondió entre estos árboles,
A ser consorciado con la noche humorística:
Su amor es ciego y mejor corresponde a la oscuridad.

MERCUTIO

Si el amor es ciego, el amor no puede golpear la marca.
Ahora él se sentará bajo un árbol de níspero,
Y su amante desearía ese tipo de fruta
Como sirvientas llaman nísperos, cuando se ríen solos.
Romeo, que fuera, O, que fuera
Un abierto et caetera, tú una pera Ay!
Romeo, buenas noches: voy a mi cama nido;
Este campo-cama es demasiado fría para dormir:
Vamos, ¿vamos?

BENVOLIO

Ir, entonces; para ' tis en vano
A buscarlo aquí eso significa que no debe ser encontrado.

Exeunt

ESCENA II. Jardín de Capuleto.

Entrar en ROMEO

ROMEO

Él contantes en cicatrices que nunca sentían una herida.

Julieta aparece encima en una ventana

Pero, suave! ¿Qué luz aquella ventana se rompe?
Es el Oriente, y Julieta es el sol.
Surgen, bello sol y mata a la envidiosa luna,
Que ya está enferma y pálida de dolor,
Que su arte criada mucho más justo que ella:
No ser su sirvienta, puesto que ella es envidiosa;
Su librea de vestal es pero enfermo y verde
Y ninguno pero tontos desgaste lo amarras.
Es mi señora, Oh, mi amor!
¡ Oh, ella lo supiera!
Ella habla pero no dice nada: ¿y qué?
Sus discursos de ojo; Lo responderé.
Soy demasiado audaz, ' tis a mí no me habla:
Dos de las estrellas más hermosa en todo el cielo,
Tener un negocio, conjurar los ojos
Que brilla en sus esferas hasta su regreso.
¿Qué pasa si sus ojos estaban allí, que en su cabeza?
El brillo de sus mejillas avergonzaría a las estrellas,
Como luz del día una lámpara; sus ojos en el cielo
Sería a través del flujo luminoso región tan brillante
Que las aves cantan y creo que no eran la noche.
Ver, cómo apoya la mejilla sobre su mano.
Oh, que fuera un guante de esa mano,
Si pudiera tocar esa mejilla!

JULIET

Ay me!

ROMEO

Habla:
¡ Habla otra vez, Ángel brillante! Porque tú eres
Tan gloriosa para esta noche, siendo sobre mi cabeza
Como es un mensajero alado de los cielos
A los ojos pensando hacia arriba blanco
De los mortales regresen a la mirada de él
Cuando él se alza por sobre las nubes perezoso-estimulación
Y las velas en el seno del aire.

JULIET

Oh Romeo, Romeo! ¿por qué eres Romeo?
Niega a tu padre y rehúsa tu nombre;
O, si no que quisieres, pero jurar mi amor,
Y ya no seré una Capuleto.

ROMEO

[Aparte] ¿he oído más, o debo hablar de esto?

JULIET

' Tis pero tu nombre es mi enemigo;
Tú eres tú, aunque no un Montague.
¿Qué es Montesco? es de la mano, ni pie,
Ni brazo, ni rostro, ni cualquier otra parte
Perteneciente a un hombre. ¡ Oh, ser algún otro nombre.
¿Qué es un nombre? lo que llamamos una rosa

Por cualquier otro nombre olería igual de dulce;
Entonces Romeo, estuviera Romeo no sería llamada,
Retener esa perfección querida que debe
Sin ese título. Romeo, empeorarían tu nombre,
Y por eso el nombre que no es tuyo
Llevar todos.

ROMEO

Yo tomo a ti en tu palabra:
Llamar a mí pero el amor, y seré nuevo bautizado;
De ahora en adelante nunca va ser Romeo.

JULIET

¿Qué arte del hombre que así bescreen tú noqueado en la noche
¿Tan stumblest en mis consejos?

ROMEO

Por un nombre
No sé cómo te dirá quien soy:
Mi nombre, amado Santo, es odioso
Porque es un enemigo
Yo había escrito, arrancaría la palabra.

JULIET

Mis oídos aún no han bebido cien palabras
De elocución de esa lengua, aún sé el sonido:
¿No eres tú Romeo y un Montesco?

ROMEO

Ni unos ni otros, San justo, si tampoco te gusta.

JULIET

¿Cómo llegaste tú, dime y por qué?
Las paredes de la huerta son altos y difíciles de escalar,
Y el muerte de lugar, considerando quién eres,
Si alguno de mis parientes te encuentro aquí.

ROMEO

Con alas de luz de amor o ' er-perca estas paredes;
Para límites pedregosos no pueden sostener el amor
Y lo que el amor puede hacer que se atreva a intentar;
Por lo tanto tus parientes no son dejó a mí.

JULIET

Si te ven, ellos te matará.

ROMEO

Qué pena, hay más peligro en sus ojos
Que veinte de sus espadas: Mira tú pero dulce,
Y yo soy prueba contra su enemistad.

JULIET

Lo haría por nada del mundo te vieron aquí.

ROMEO

Manto de la noche a esconderme de su vista;
Y pero tú me amas, que me encuentren aquí:
Mi vida se acabó mejor por su odio,
Que la muerte prorrogada, deseo de tu amor.

JULIET

¿Por cuya dirección found'st tú este lugar?

ROMEO

Por amor, quien primero preguntarme a investigar;
Me prestó a Consejo y yo le presté los ojos.
Ningún piloto; Sin embargo, wert tú tan lejos
Como ese lavado vasta costa con el mar más lejano,
Yo se aventura por dicha mercancía.

JULIET

Tú sabéis la máscara de la noche es en mi cara,
Si una doncella sonrojaría bepaint mi mejilla
Por lo que me has oído hablar esta noche
Fain sería yo habito en el formulario, fain, fain negar
Lo que yo he hablado: pero cumplido Adiós!
¿Me quieres? Sé que quieres decir 'Sí',
Y tomo tu palabra: pero si tú anula,
Te deja probar falsa; en perjurios de los amantes
Entonces decir, risas de Jove. Oh gentil Romeo,
Si tú quieres, pronunciarlo fielmente:
O si tú crees que me gané demasiado rápido,
¡ Fruncir el ceño y ser perversa un decir te nay,
Así que quisieres woo; Pero otra cosa, no por nada del mundo.
En verdad, justo Montague, me gusta,
Y por lo tanto crees que deja mi ' luz sus:
Pero créeme, caballero, podrá probar más cierto
Que aquellos que tienen más astucia que extraño.
Debería haber sido más extraño, que debo confesar,
Pero que tú overheard'st, antes de que era las mercancías,
Pasión de mi amor: por lo tanto, perdón,
Y no le adjudican esta dando a luz de amor,
Que así ha descubierto la oscura noche.

ROMEO

Señora, por la bendita luna que lo juro
Consejos con plata todos estos tops frutal.

JULIET

¡ Oh, no jures por la luna, la luna inconstante,
Que los cambios mensuales en su orbe en un círculo,
No sea que tu amor asimismo demostrar variable.

ROMEO

¿Qué debo juro por?

JULIET

No juren en absoluto;
O, si lo deseas, lo juro por tu gracia
Que es el Dios de mi idolatría,
Y creo que a ti.

ROMEO

Si mi corazón querido amor...

JULIET

Bueno, no lo juro: aunque gozo en ti,
No tengo ninguna alegría de este contrato esta noche:
Es muy precipitado, muy desaconsejada, demasiado pronto;
También como el rayo, que dejan de ser
Aquí uno puede decir 'Aclara'. Dulce, buenas noches!
Este brote del amor, el verano de maduración aliento,
Puede resultar una bella flor cuando a continuación nos
encontramos.

Buenas noches, buenas noches! como descanso y reposo dulce
¡ Ven a tu corazón como dentro de mi pecho!

ROMEO

¿¡ Quieres dejarme tan insatisfecha?

JULIET

¿Qué satisfacción tú puedes tener esta noche?

ROMEO

El cambio de voto fiel de tu amor por mí.

JULIET

Te di mina antes de que tú solicitarlo:
Y sin embargo lo que fueron a dar de nuevo.

ROMEO

¿Tú wouldst retirarla? ¿con qué propósito, amor?

JULIET

Pero para ser franco y te dé otra vez.
Y todavía me gustaría pero por lo que tengo:
Mi generosidad es tan ilimitada como el mar,
Mi amor tan profundo; cuanto más te doy a ti,
Cuanto más tengo, pues ambos son infinitos.

Enfermera llamadas dentro de

Oí un ruido dentro; amor mío, adiós!
Anón, enfermera bien! Dulce Montague, sea cierto.
Estancia, pero un poco, voy a ir otra vez.

La salida, sobre

ROMEO

Oh bendita, bendita noche! Tengo miedo.
Estando en la noche, todo esto es sólo un sueño,
Muy halagador-dulce a ser sustancial.

Reingresar a JULIET, por encima de

JULIET

Tres palabras, querido Romeo y buenas noches de hecho.
Si tu doblado del amor ser honorable,
Tu propósito matrimonio, enviar mi palabra mañana,
Por que te consigo para venir a ti,
¿Dónde y a qué hora quieres realizar el rito;
Y toda mi fortuna a tus pies te pongo
Y seguirte a mi señor en todo el mundo.

Enfermera

[En] Señora!

JULIET

Vengo, Anón., pero si tú mean'st no Bueno,
Te suplico...

Enfermera

[En] Señora!

JULIET

Vengo:...
Para dejar tu traje y me dejo a mi dolor:
Mañana enviaré.

ROMEO

Así que prospere mi alma...

JULIET

Mil veces buenas noches!

La salida, sobre

ROMEO

Mil veces peor, quiero tu luz.
Hacia el amor, el amor sale como colegiales de
sus libros,
Pero se ve el amor de amor, hacia la escuela con pesados.

Retiro

Reingresar a JULIET, por encima de

JULIET

Hist. Romeo, hist. O, para la voz de un halconero,
Para atraer esta borla-suave regreso otra vez!
Bondage es ronco y no puede hablar en voz alta;
Otra rasgaría la cueva donde se encuentra eco,
Su lengua aireado y más ronca que la mía,
Con la repetición del nombre de mi Romeo.

ROMEO

Es mi alma la que exhorta a mi nombre:
Lenguas como plata dulce sonido amantes por la noche,
Como la música más suave al que acuden las orejas!

JULIET

Romeo!

ROMEO

¿Cariño?

JULIET

En lo que a las mañana
¿Enviaré a ti?

ROMEO

A la hora de nueve.

JULIET

No fallaré: ' tis veinte años hasta entonces.
He olvidado por qué te llamé atrás.

ROMEO

Déjame quedarme aquí hasta que tú recuerdas.

JULIET

Olvidaré, que te siguen en pie
Recordando cómo me gusta a tu compañía.

ROMEO

Y todavía me quedare, para ti tener todavía olvidar,
Olvidando cualquier otro hogar pero esto.

JULIET

' Tis casi mañana; Quiero que ido:
Y sin embargo no más de un wanton aves;
Lo que permite saltar un poco de su mano,
Como un pobre prisionero en sus retorcidas grilletes,
Y con un hilo de seda la puntea lo de volver otra vez,
Amar-celosas de su libertad.

ROMEO

Me gustaría ser tu pájaro.

JULIET

Dulce, igual que el I:
Sin embargo debería matarte con mucha actitud autocentrada.
Buenas noches, buenas noches! la despedida es tal
dulce tristeza,
Que diré buenas noches hasta que sea mañana.

Salida arriba

ROMEO

Moradores del sueño de tus ojos, paz en tu pecho!
¿Eran el sueño y la paz, tan dulce para descansar!
Por lo tanto, voy a la celda de mi padre fantasmal,
Su ayuda a ansiar y mi querida hap a decir.

Salida

ESCENA III. Célula de Friar Laurence.

Entrar en FRIAR LAURENCE, con una cesta

FRAY LORENZO

Las sonrisas de ojos grises mañana en la noche ceñuda,
Ajedrezado las nubes orientales con vetas de luz,
Y los carreteles de jaspe oscuridad como un borracho
Desde el cuarto día de camino y ruedas ardientes del Titán:
Ahora, aquí el sol avanzar su mirada ardiente,
El día de alegría y Rocío húmedo de la noche para secar,
Yo debo hasta-llenar la jaula de mimbre de los nuestros
Con malezas funestas y jugo de preciosas flores.
La tierra madre de la naturaleza que es su tumba;
¿Cuál es su tumba enterrar es su vientre,
Y de sus hijos de vientre de buzos tipo
Estamos chupando su hallazgo de pecho natural,
Muchos para excelentes, muchas virtudes
Ninguno, pero para algunos y todavía todo diferente.
¡ Oh, mickle es la poderosa gracia que miente
En hierbas, plantas, piedras y sus verdaderas cualidades:
De nada tan vil que en la tierra viven
Pero la tierra bien especial,
Ni nada tan bueno, pero la cepa ' d de ese uso justo
Revueltas del verdadero nacimiento, dando tumbos sobre el abuso:
Virtud se vuelve vicio, siendo aplicada;
Y a veces por acción dignificada.
Dentro de la corteza de esta pequeña flor infantil
Veneno tiene poder de residencia y de la medicina:
Para ello, se olía, con eso parte salud cada parte;
Ser probado, mata a todos los sentidos con el corazón.
Dos tales Reyes opone todavía les encamp
En el hombre, así como hierbas, gracia y grosero;
¿Y dónde está predominante, el peor
La muerte de cancro come completo pronto esa planta.

Entrar en ROMEO

ROMEO

Buenos días, padre.

FRAY LORENZO

Benedicite!
Temprano ¿qué lengua tan dulce me saluda?
Hijo, argumenta que dirigiría un moquillo
Tan pronto a hacer una oferta buena mañana a tu cama:
Cuidado mantiene su reloj en cada ojo del viejo,
Y donde importa lodges, sueño nunca se acostará;
Pero donde jóvenes sano con unstuff'd cerebral
Tresillo de sus miembros, había reinado sueño dorado:
Por lo tanto tu precocidad acaso me aseguro
Tú eres para arriba-despertó por algunos distemperature;
O si no es así, y aquí la golpeo bien,
Nuestro Romeo no ha estado en cama para la noche.

ROMEO

Esa última es cierta; el resto más dulce era mío.

FRAY LORENZO

Dios perdón pecado! ¿Tú estabas con Rosalina?

ROMEO

¿Con Rosaline, mi padre fantasmal? Loy
He olvidado ese nombre y ¡ Ay de ese nombre.

FRAY LORENZO

Ese es mi hijo bien: pero ¿dónde estuviste, entonces?

ROMEO

Te voy a decir, antes de que se me vuelvan a preguntar.
He festejando con mi enemigo,
Cuando una repentina ha herido,
Que ha herido por mí: ambos nuestros remedios
Dentro de tu ayuda y mentiras Santo físico:
No soportar ningún odio, hombre bendecido,
Mi intercesión asimismo steads mi enemigo.

FRAY LORENZO

Ser llano, buen hijo y acogedor en tu deriva;
Confesión de cribado encuentra pero cribado confesión.

ROMEO

Entonces claramente sabe que amor mío de mi corazón se encuentra
En la feria hija del rico Capuleto:
Como la mía en ella, así que ella se encuentra en mío;
Y todo combinado, salvar lo que tú debes combinar
Por el santo matrimonio: Cuándo y dónde y cómo
Nos conocimos, woo'd y hacen intercambio de votos,
Te diré como pasamos; Pero este rezo,
Que tu consentimiento para casarse con nosotros hoy.

FRAY LORENZO

Santo Saint Francis, que un cambio está aquí!
Es Rosalina, quien tú amor tan querido,
¿Tan pronto abandonado? jóvenes amor luego mentiras
No verdaderamente en sus corazones, pero en sus ojos.
Jesu Maria, lo que una cantidad de salmuera
Ha tenido lavado cetrina mejillas por Rosaline!
¿Cuánta agua salada tirado en la basura,
Amor de temporada, que de no sabe!
El sol aún no borra tus suspiros desde el cielo,
Tu viejo anillo gemidos todavía en mis oídos antiguas;

Lo, en tu mejilla la mancha aquí
De una lágrima vieja que no es lavado d off todavía:
Si e ' er fuiste a ti mismo y estos males tuyo,
Tú y estos males eran todos para Rosalina:
¿Y el arte que has cambiado? Pronuncia esta frase
Las mujeres pueden caer, cuando no hay ninguna fuerza en los hombres.

ROMEO

Tú aprobasteis frecuentemente para amar a Rosaline.

FRAY LORENZO

Para amabilidadde ayudarla crecer, no para amar, alumno mío.

ROMEO

Y bad'st me entierren amor.

FRAY LORENZO

No en un sepulcro,
A poner uno en, otro fuera a tener.

ROMEO

Te lo ruego, reñir no; quien ahora me gusta
Amor por amor y gracia sobre gracia lo permitan;
El otro no lo hizo así.

FRAY LORENZO

¡ Oh, ella conocía bien
Tu amor leí de memoria y no podría deletrear.
Pero ven, jóvenes peleon, ven, conmigo,
En un sentido voy a tu asistente ser;
Esta alianza de mayo feliz probar,
Para activar el rencor de sus hogares a puro amor.

ROMEO

¡ Déjanos ahí; Me paro en prisa repentina.

FRAY LORENZO

Sabiamente y lento; tropiezan correr rápido.

Exeunt

ESCENA IV. Una calle.

Introduzca BENVOLIO y MERCUCIO

MERCUTIO

¿Donde el diablo debe estar este Romeo?
¿Llegó esta noche no está en casa?

BENVOLIO

No a la de su padre; Hablé con su hombre.

MERCUTIO

Ah, que igual pálido insensible joven, eso Rosaline.
Le atormenta, que seguro que correrá loco.

BENVOLIO

Tybalt, el pariente del viejo Capuleto,
Ha enviado una carta a casa de su padre.

MERCUTIO

Un desafío, en mi vida.

BENVOLIO

Romeo lo responderá.

MERCUTIO

Puede contestar a cualquier hombre es capaz de escribir una carta.

BENVOLIO

No, él responderá como maestro, de la carta
se atreve, ser atrevido.

MERCUTIO

Ay pobre Romeo! Él ya está muerto; apuñalado con un
blanco ojo negro de moza; con un tiro en la oreja con una
canción de amor; el pin de su corazón muy hendió con el
eje trasero del arco-niño ciego: y es un hombre que
¿encuentro Tybalt?

BENVOLIO

¿Qué es Teobaldo?

MERCUTIO

Más que el príncipe de los gatos, te lo aseguro. ¡ Oh, él es
el valiente capitán de elogios. Peleó como
cantas pinchazo-canción, guarda tiempo, distancia, y
proporción; descansa su resto de minim, uno, dos, y
el tercero en su seno: el carnicero muy de seda
botón, un duelista, un duelista; un caballero de la
primera casa, de la primera y la segunda causa:
Ah, el passado inmortal! el reverso de punto! el
Hai!

BENVOLIO

¿Qué pasa?

MERCUTIO

La viruela de tal antic, balbuceo, afectando a
fantasticoes; Estos nuevos sintonizadores de Acentos! ' Por Jesu,
un disco muy bueno! un hombre muy alto! una muy buena
puta!' ¿Por qué, no es una cosa lamentable,
abuelo, que por lo tanto debemos estar afligidos con
estos extraños vuela, estos promotores moda, estos
de Perdona-mi, que se encuentran tanto en la nueva forma,
¿que no descanse en el viejo banco? ¡ Oh, sus
sus huesos!

Entrar en ROMEO

BENVOLIO

Aquí viene Romeo, aquí viene Romeo.

MERCUTIO

Sin sus huevas, como un arenque seco: carne, carne,
¿Cómo eres tú fishified! Ahora está por los números
Eso Petrarch fluyó en: Laura a su dama era un
cocina-moza; casarse, tuvo un mejor amor
ser-rima; Dido un desaliñado; Cleopatra gitano;
Hildings Helen y héroe y las rameras; Tisbe un gris
ojo o algo así, pero no para el propósito. Signor
Romeo, bon jour! Hay un saludo francés
con su decantación francés. Nos diste la falsificación
justamente ayer por la noche.

ROMEO

Buenos días a los dos. ¿Darle lo falso?

MERCUTIO

La nave, señor, el deslizamiento; ¿No se imagina?

ROMEO

Perdón, buen Mercucio, mi negocio fue genial; y en
un caso como el mío a un hombre puede colar cortesía.

MERCUTIO

Eso es tanto como decir, un caso como el tuyo
restringe a un hombre a ceder en los jamones.

ROMEO

Significado de court'sy.

MERCUTIO

Tú has más amablemente golpearlo.

ROMEO

Una exposición más cortés.

MERCUTIO

No, yo soy el muy rosa de cortesía.

ROMEO

Color de rosa para la flor.

MERCUTIO

Derecho.

ROMEO

¿Por qué, entonces es mi bomba bien florecida.

MERCUTIO

Bien dicho: me siga esta broma ahora hasta has
agotado tu bomba, que cuando la suela única.

es usado, la broma puede permanecer después de la singular único usando.

ROMEO

O suela simple broma, únicamente singular para el soltería.

MERCUTIO

Entre nosotros, Benvolio buena; mi ingenio débil.

ROMEO

Espuelas, interruptor, interruptor general y espuelas; o a llorar a una cerilla.

MERCUTIO

No, si tu ingenio corre el perseguir, tengo
hecho, pues has en uno de los más de los gansos salvajes
tu ingenio que, estoy seguro, tengo en mi conjunto cinco:
¿Estuve contigo allí por un ganso?

ROMEO

Estuviste nunca conmigo para cualquier cosa cuando fuiste
No hay para el ganso.

MERCUTIO

Te te morderé por el oído para esa broma.

ROMEO

No, buen ganso, morder no.

MERCUTIO

Tu ingenio es un cielo muy amargo; es una mayoría
punto de salsa.

ROMEO

¿Y es no muy bien atendido en un ganso dulce?

MERCUTIO

¡Aquí está un ingenio de cheveril, que se extiende desde un
pulgada estrecha a un amplio codo!

ROMEO

Estiro sacarla de esa palabra 'amplia'; que agrega
al ganso, prueba te lo largo y ancho un ganso amplio.

MERCUTIO

¿No es mejor ahora que gime por amor?
Ahora eres sociable, ahora eres Romeo; Ahora arte
Tú lo eres, por arte y naturaleza:
para este amor drivelling es como un gran talento natural,
que funciona tirado hacia arriba y hacia abajo para ocultar su
chuchería en un agujero.

BENVOLIO

Allí, detente allí.

MERCUTIO

Deseas que deje en mi cuento contra el pelo.

BENVOLIO

No más habría hecho tu cuento grande.

MERCUTIO

¡ Oh, tú eres engañado; Habría hecho corto:
Porque me vine a la profundidad entera de mi cuento; y
significaba, en efecto, ocupar el argumento ya no.

ROMEO

Aquí hay buen engranaje!

Entrar en enfermera y PETER

MERCUTIO

Una vela, una vela!

BENVOLIO

Dos y dos; una camisa y un delantal.

Enfermera

Peter!

PETER

Anon!

Enfermera

Mi fan, Peter.

MERCUTIO

Peter Bueno, para ocultar su rostro; para de su abanico la
cara más justa.

Enfermera

Dios os Buenos días, señores.

MERCUTIO

Dios bueno os den, Feria dama.

Enfermera

¿Es bueno den?

MERCUTIO

' Tis no menos, te digo, de la mano de subidas de tono de la
dial está ahora sobre el pinchazo del mediodía.

Enfermera

Hacia fuera sobre ti! Usted es un hombre!

ROMEO

Uno, señora, que Dios ha hecho por sí mismo a
mar.

Enfermera

Por mi fe, pues se dice; "por sí mismo al mar '
¿dijo un '? Señores, alguno de ustedes me puede decir donde me
¿puede encontrar al joven Romeo?

ROMEO

Te lo aseguro; Pero joven Romeo será mayor cuando
ha encontrado lo que estaba cuando usted lo buscó:
Yo soy el más joven de ese nombre, por culpa de una peor.

Enfermera

Dices bien.

MERCUTIO

¿Sí, es lo peor? tomó muy bien, me ' fe;
sabiamente, sabiamente.

Enfermera

Si ser él, señor, yo deseo cierta confianza con
usted.

BENVOLIO

Ella se lo indite a cenar.

MERCUTIO

Una alcahueta, una alcahueta, una alcahueta! Así ho!

ROMEO

¿Qué has encontrado tú?

MERCUTIO

Ninguna liebre, señor; a menos que una liebre, señor, en un pastel de
Cuaresma
Eso es algo rancio y escarcha antes que gastar.

Canta

Un viejo hoar de liebre,
Y un viejo hoar de liebre,
Es muy buena carne en la Cuaresma
Pero una liebre es escarcha
Es demasiado para una puntuación,
Cuando lo hoars ere se gastará.
Romeo, ¿vendrás a tu padre? Vamos a
a la cena, allá.

ROMEO

Te seguiré.

MERCUTIO

Adiós, señora antigua; Adiós,

Canto

'señora, señora, señora.

Exeunt MERCUCIO y BENVOLIO

Enfermera

Casarse, adiós! Os ruego, señor, qué picantes
¿comerciante era que estaba tan llena de su ropery?

ROMEO

Un caballero, enfermera, que le gusta oír hablar de sí mismo,
y a hablar más en un momento que será
a un mes.

Enfermera

Un un ' hablar cualquier cosa contra mí, me quedo con lo
abajo, un un ' fueron poderososde que es y veinte tales
Tomas; y si no puedo, los que deberán encontraré.
Bribón! No soy ninguno de sus coqueteo-branquias; Yo soy
Ninguno de sus compañeros de skains. Y debe estar
¿también y sufre cada Jota me use a su antojo?

PETER

Vi a nadie utilice un placer; Si tuviera, mi arma
rápidamente debería haber sido, te garantizo: me atrevo
dibujar tan pronto como otro hombre, si veo ocasión en un
buena pelea y la ley de mi lado.

Enfermera

Ahora, antes de Dios, estoy tan molesto, que cada parte de
tiembla. Bribón! Ruego, señor, una palabra:
y como te dije, mi joven me pidió investigarlo
hacia fuera; lo que ella me mandó decir, mantendré a mí mismo:
Pero primero déjame decirte vosotros, si vosotros deben conducir en
un paraíso de los tontos, como dicen, fuese un muy bruto
tipo de comportamiento, como dicen: para la dama
es joven; y, por tanto, si usted debe manejar doble
con ella, realmente fuera un enfermo que se ofrecerán
a cualquier dama y tratar muy débil.

ROMEO

Enfermera, me encomiendo a tu mujer y amante. Yo
protesta a ti...

Enfermera

Buen corazón y ' fe, le diré lo mismo:
Señor, señor, ella será una mujer alegre.

ROMEO

¿Qué tú dices, enfermera? Tú no me marca.

Enfermera

Le diré, señor, que la protesta; que, como
Supongo, es una oferta de Cortés.

ROMEO

La oferta de idear
Algunos medios para venir a confesión esta tarde;
Y ella habrá en Friar Laurence' celular
Ser hombre y casado. Aquí es para tus dolores.

Enfermera

No realmente, señor; ni un centavo.

ROMEO

Ir a; Digo que así será.

Enfermera

¿Esta tarde, señor? Bueno, ella estará allí.

ROMEO

Y estancia, buena enfermera, detrás de la pared de la abadía:
En esta hora será mi hombre contigo
Y te traigan cuerdas hechas como una escalera abordada;
Para la alta cima-galante de mi alegría
Debe ser mi convoy en la noche secreta.
Despedida; ser fiel, y te dejé tus dolores:
Despedida; me encomiendo a tu amante.

Enfermera

Ahora Dios te bendiga! Escucha usted, señor.

ROMEO

¿Qué dijiste tú, mi querida enfermera?

Enfermera

¿Es tu secreto de hombre? ¿Nunca has oído decir,
¿Dos pueden seguir a consejos, guardando una?

ROMEO

Garantizo a ti, mi hombre tan cierto como el acero.

ENFERMERA

Bueno, señor; mi señora es la más dulce dama--señor,
Señor! Cuando ' twas una cosita lenguaraz:--O, allí
es un noble de la ciudad, uno de París, que fain
poner cuchillo a bordo; Pero, alma buena, tenía como ñolas
ver un sapo, un sapo muy, como lo veo. Yo le ira
a veces y decirle que París es el properer
hombre; Pero, te garantizo que cuando yo lo diga, se ve
pálido como cualquier influencia en el mundo versal. Acaso no
¿Romero y Romeo comienzan con una letra?

ROMEO

Ay, enfermera; ¿y qué? ambos con una R.

Enfermera

Ah. escarnecedor. Ese es el nombre del perro; R es para
--No; Sé que comienza con algunas otras
Letra:--y ella tiene la más bonita de sentenciosas
y Romero, le haría bien
oírlo.

ROMEO

Me encomiendo a tu señora.

Enfermera

Sí, mil veces.

Salida Romeo

Peter!

PETER

Anon!

Enfermera

Pedro, toma mi fan y vete antes y buen ritmo.

Exeunt

ESCENA V. Jardín de Capuleto.

Entra Julieta

JULIET

El reloj marcó nueve cuando envié la enfermera;
Prometió regresar en una hora y media.
Tal vez ella no puede conocerlo: eso no es así.
Oh, es lamentable. Heraldos del amor deben ser pensamientos,
Diez veces más rápido que deslizan que los rayos del sol,
Volviendo atrás las sombras sobre las colinas rebaja:
Por lo tanto hacer ágil-piñón ' d palomas sorteo amor,
Y por lo tanto tiene las alas de Cupido viento a swift.
Ahora es el sol sobre el Cerro raudos
De esta jornada y de nueve a doce
Son tres largas horas, sin embargo, ella no ha llegado.
Ella tenía afecto y sangre joven caliente,
Sería como swift en movimiento como una pelota;
Mis palabras le sería intercambiar a mi dulce amor,
Y él a mí:
Pero viejos, muchos fingen como estaban muertos;
Difícil de manejar, lento, pesado y pálido como el plomo.
Oh, Dios, viene!

Entrar en enfermera y PETER

O enfermera cariño, ¿qué noticias?
¿Tú has reunido con él? Aleja a tu hombre.

Enfermera

Peter, quédate en la puerta.

Salida de PETER

JULIET

Ahora, buena dulce enfermera,--señor, ¿por qué look'st tú triste?
Aunque estés triste, noticias todavía les digo alegremente;
Si bien, tú shamest la música de buenas noticias
Jugando a mí con una cara tan amarga.

Enfermera

Estoy cansada de una, dame permiso un rato:
Vergüenza, cómo me duelen los huesos! ¿tiene una excursión tuve!

JULIET

Lo que tú hubieras mis huesos y tus noticias:
¡ Ven, te ruego, hablar; enfermera, bueno, hable.

Enfermera

Jesu, qué prisa? ¿No puedes quedarte un rato?
¿No ves que me quedé sin aliento?

JULIET

¿Cómo eres tú sin aliento, cuando tú has aliento
¿Me dices que eres sin aliento?
La excusa que te hacen en este retraso
Es más largo que el cuento que mil disculpas.
¿Es tu noticia, buena o mala? responder a eso;
Decir, y me quedare la circunstancia:
Déjame ser satisfecho, ¿es bueno o malo?

Enfermera

Bueno, ¡ ha hecho una elección simple; No sabes
¿Cómo elegir un hombre: Romeo! No, él no; Aunque su
cara es mejor que cualquier hombre, sin embargo, sobresale la pierna
de todos los hombres; y para una mano y un pie y un cuerpo,
Aunque no para ser hablado por ser, sin embargo, son

más allá de comparar: no es la flor de la cortesía,
Sin embargo, te garantizo que él, manso como un cordero. Ir a tu
maneras, joven; servir a Dios. ¿Usted ha cenado en casa?

JULIET

No: pero todo esto sabía antes.
¿Qué dice de nuestro matrimonio? ¿y qué?

Enfermera

Señor, cómo me duele la cabeza! ¿Qué cabeza tengo!
Es mejor que caería en 20 piezas.
Mi espalda o ' t' otro lado--O, mi espalda, mi espalda!
Ofendería su corazón para enviarme
Para coger mi muerte con jaunting arriba y abajo.

JULIET

Me ' fe, siento que no eres bueno.
Dulce, dulce, dulce enfermera, dime, ¿qué dice mi amor?

Enfermera

Tu amor, dice, como un caballero honesto y un
Cortés y una clase y un guapo y,
orden, una virtuosa,--¿dónde está tu madre?

JULIET

¿Dónde está mi madre! ¿por qué, está dentro;
¿Dónde debería estar? Qué manera tan extraña que altercas!
' Tu amor dice, como un caballero honesto,
¿Dónde está tu madre?'

Enfermera

Oh Dios querida señora!
¿Estás tan caliente? casarse, subir, trow;
¿Es esto la cataplasma para mis huesos doloridos?
De ahora en adelante Hazte tus mensajes.

JULIET

Aquí está una bobina de tal! Vamos, ¿qué dice a Romeo?

Enfermera

¿Tienes permiso para ir a la confesión al día?

JULIET

Tengo.

Enfermera

Entonces ahí te hie a Friar Laurence' de la célula;
Allí permanece un marido para ser una esposa:
Ahora viene la sangre injustificable en tus mejillas,
Van a estar en recto escarlata en alguna noticia.
HIE te a la iglesia; Debo hacerlo de otra manera,
Para ir a buscar una escalera, por la cual tu amor
Debe subir un nido pronto cuando está oscuro:
Soy el esclavo y fatiga en su placer,
Pero deberá sobrellevar la carga pronto por la noche.
Ir; Voy a cenar: hie a la célula.

JULIET

HIE a alta fortuna! Enfermera honesto, me despido.

Exeunt

ESCENA VI. Célula de Friar Laurence.

Entra Fray Lorenzo y ROMEO

FRAY LORENZO

Así que sonríe el cielo sobre este acto sagrado,
Después de horas de tristeza que no nos reñir!

ROMEO

Amén, Amén! Pero qué dolor puede,
Lo no puede compensar el intercambio de la alegría
Ese corto un minuto me da en la vista:
Hacer tú pero cerrar nuestras manos con palabras santas,
Luego devora amor muerte hacer lo que se atreve;
Es suficiente puede pero llamada mía.

FRAY LORENZO

Estos violentos placeres tienen violentos extremos
Muere su triunfo, como el fuego y en polvo,
Que consumen como se besan: la miel más dulce
Es repugnante en su exquisitez
Y en el gusto confunde el apetito:
Por lo tanto amor moderado; mucho amor os
Swift también llega tan tarde como demasiado lento.

Entra Julieta

Aquí viene la señora: ¡ Oh, tan ligero un pie
Nunca se gastará el pedernal eterno:
Un amante puede dominar el gossamer
Eso idles en el aire de verano lasciva,
Y sin embargo no caer; Así que la luz es vanidad.

JULIET

Bueno a mi confesor fantasmal.

FRAY LORENZO

Romeo será gracias a ti, hija, para los dos.

JULIET

Tanto para él, otra cosa es demasiado su agradecimiento.

ROMEO

Ah, Juliet, si la medida de tu gozo
Que tu habilidad ser más y el montón sería como la mía
Lo blasonamiento, luego endulce con tu aliento
Este aire vecino y la lengua de la música rica que
Desdoble la felicidad imaginaria que ambos
Reciben por este encuentro querido.

JULIET

Vanidad, más rico en materia que en palabras,
Se jacta de su sustancia, no de adorno:
Son sino los mendigos que pueden contar su valor;
Pero mi amor se crece a tal exceso
Yo no puedo resumir la suma de la mitad de mi bienes.

FRAY LORENZO

Ven, ven conmigo, y vamos a hacer brevemente el trabajo;
Por sus hojas, no se quedará solo
Hasta la Santa Iglesia incorporar dos en uno.

Exeunt

ACTO III

ESCENA I. Un lugar público.

Introduzca MERCUCIO, BENVOLIO, página y sirvientes

BENVOLIO

Te lo ruego, buen Mercucio, a retirarse:
El día está caliente, los Capuleto en el extranjero,
Y, si nos vemos, vamos no escapo una pelea;
Por ahora, estos días de calor, la sangre loca revuelve.

MERCUTIO

Tú eres uno de esos tipos que cuando él
entra en los confines de una taberna me aplaude su espada
sobre la mesa y dice ' Dios me no envíe necesidad de
ti!' y por la operación de la segunda Copa dibuja
es en el cajón, cuando en realidad no es necesario.

BENVOLIO

¿Soy como un hombre tan?

MERCUTIO

Ven, ven, eres como un gato en tu estado de ánimo como caliente
en Italia y como pronto se mudó a ser malhumorado, y como
pronto malhumorado que se moverán.

BENVOLIO

¿Y que?

MERCUTIO

No, un eran esos dos, deberíamos tener ninguno
en breve, para uno mataría al otro. Tú! ¿por qué,

que quisieres pelea con un hombre que tiene un pelo más,
o al menos, en la barba, pelo que sembraste: tú
marchitez en contra de un hombre para romper nueces, no tener
otra razón sino porque tienes ojos color avellana: Qué
¿ojo pero tal ojo podría espiar tal una pelea?
Tu cabeza es tan divertido de peleas como un huevo está lleno de
carne, y aún así tu cabeza ha sido golpeado como addle como
un huevo para pelearse: tú has peleado con un
hombre para la expectoración en la calle, porque él ha
despertado tu perro que ha permanecido dormido en el sol:
Tú no caen con un sastre para usar
¿su nuevo doblete antes de semana Santa? con el otro, para
¿atar sus zapatos nuevos con cinta vieja? y sin embargo tú
marchitez Dame clases de pelearse!

BENVOLIO

Estuviera tan apto para pelear como tú, cualquier hombre
debe comprar la cuota-simple de mi vida durante una hora y cuarto.

MERCUTIO

La cuota-simple! O simple!

BENVOLIO

Por mi cabeza, aquí vienen los Capuleto.

MERCUTIO

Por mi talón, no me importa.

Introduzca TYBALT y otros

TYBALT

Sígueme, porque voy a hablar con ellos.
Señores, den buena: una palabra con uno de ustedes.

MERCUTIO

¿Y una palabra con uno de nosotros? Combínelo con
algo; que sea una palabra y un golpe.

TYBALT

Suficientemente aptos para eso, señor, me hallaréis
me dará ocasión.

MERCUTIO

¿No llevas alguna ocasión sin dar?

TYBALT

Mercutio, tú consort'st con Romeo,...

MERCUTIO

Consorte! ¿que, tú nos hacen los trovadores? un
te hacen los trovadores de nosotros, mira para no escuchar nada,
pero
las discordias: aquí está mi fiddlestick; Es aquí que deberá
hacer que bailar. ' Zounds, consorte!

BENVOLIO

Hablamos aquí en el refugio de los hombres público:
Tampoco retirarse a un lugar privado,
Y la razón con frialdad de sus quejas,
O si no salen; aquí todos los ojos miran con nosotros.

MERCUTIO

Los ojos de los hombres se hicieron para mirar y dejar que la mirada;
Yo no se movió para el placer de ningún hombre, yo.

Entrar en ROMEO

TYBALT

Bueno, que la paz sea con usted, señor: aquí viene mi hombre.

MERCUTIO

Pero va ser ahorcado, señor, si lleva su librea:
Casar, ir antes para el campo, él estará su seguidor;
Vuestra merced en ese sentido le llaman 'el hombre'.

TYBALT

Romeo, puede permitirse el odio que te tengo
No término mejor que esto, tú eres un villano.

ROMEO

Tybalt, la razón por la que tengo que amarte
Mucho excusa la rabia correspondientes
Que tal un saludo: soy villano ninguno;
Por lo tanto, adiós; Veo sabéis yo no.

TYBALT

Vaya, esto será no excusa las heridas
Que has hecho por lo tanto, girar y dibujar.

ROMEO

Protestar, que nunca te, herida
Pero amo mejor que tú puedes diseñar,
Hasta que tú debes saber la razón de mi amor:
Y entonces, Capuleto,--cuyo nombre tierno
Tan caro como el mío,--estar satisfecho.

MERCUTIO

¡ Calma, vil, deshonroso presentación!
Alla stoccata lo lleva lejos.

Dibuja

Tybalt, ti-cazador de ratas, ¿quieres caminar?

TYBALT

¿Qué quieres tú que conmigo?

MERCUTIO

Buen rey de los gatos, nada más que uno de sus nueve
vidas; que quise hacer audaz, sin embargo y como
deberá utilizarme en lo sucesivo, drybeat el resto de la
8. Se lo arrancan su espada de su lanzador
¿por las orejas? Date prisa, no sea mío esté sobre tu
las orejas antes estar afuera.

TYBALT

Estoy para ti.

Dibujo

ROMEO

Mercutio gentil, levanta tu estoque.

MERCUTIO

Ven, señor, tu passado.

Se pelean

ROMEO

Sorteo, Benvolio; vencer sus armas.
Señores, por vergüenza, tolerar este atropello!
Tybalt, Mercucio, el príncipe ha expresamente
Prohibido decir en las calles de Verona:
Espera, Teobaldo! buen Mercucio!

*TYBALT debajo del brazo de ROMEO mata a MERCUTIO y vuela con
sus seguidores*

MERCUTIO

Estoy herido.
Una plaga de vuestras familias! Yo estoy acelerado.
¿Se ha ido, y tiene nada?

BENVOLIO

¿Arte te duele?

MERCUTIO

Ay, ay, un rasguño, un rasguño; casarse, ' es suficiente.
¿Dónde está mi página? Go, villano, a buscar un cirujano.

Página de salida

ROMEO

Coraje, hombre; el daño puede ser mucho.

MERCUTIO

No, ' tis no tan profundas como un pozo, ni tan anchos como un
puerta de la iglesia; Pero ', es' twill servir: pedir
Yo mañana y usted me hallaréis un hombre grave. Yo
Estoy sazonado con pimienta, creedme, para este mundo. Una plaga
de
vuestras familias! ' Zounds, un perro, una rata, un ratón, un
gato, a un hombre a muerte! un fanfarrón, un
pícaro, un villano, que lucha por el libro de
aritmética! ¿Por qué el diablo vino entre nosotros? Yo
fue herido en el brazo.

ROMEO

Pensé que todo sea para mejor.

MERCUTIO

Ayudarme en alguna casa, Benvolio,
O me desmayaré. Una plaga de vuestras familias!
Han hecho carne de gusanos de mí: yo lo tengo,
Y profundamente también: sus casas!

Exeunt MERCUCIO y BENVOLIO

ROMEO

Este caballero, aliado cercano del príncipe,
Muy amigo mío, tiene tiene su herida mortal
En mi nombre; la mancha de mi reputación sería
Con calumnias de Tybalt,--Tybalt, que una hora
Ha sido mi pariente! Oh dulce Julieta,
Tu belleza me ha hecho afeminados
Y en mi temperamento soften'd acero de valor!

Reingresar BENVOLIO

BENVOLIO

O Romeo, Romeo, valientes muertos de Mercutio!
Ese espíritu valiente ha aspirado a las nubes,
Que demasiado prematura aquí desdeñar la tierra.

ROMEO

Depende el destino negro de este día en los días más;
Pero comienza el Ay, otros deben terminar.

BENVOLIO

Aquí vuelve la espalda Tybalt furiosa.

ROMEO

Vivo, en señal de triunfo. y Mercutio muerto!
Distancia al cielo, lenity respectivo,
Y ojos fuego furia mi conducta ahora!

Reingresar TYBALT

Tome ahora, Tybalt, la parte de atrás del villano
Esa tarde tú diste; para el alma de Mercutio
No es más que un poco por encima de nuestras cabezas,
Alojando tuyo para hacerle compañía:
Tú, o yo o ambos, debemos ir con él.

TYBALT

Tú, desgraciado, que le consorte aquí,
Por lo tanto, harás con él.

ROMEO

Esto determinará.

Pelean; TYBALT cae

BENVOLIO

Romeo, lejos, se ha ido!
Los ciudadanos están arriba y Tybalt matado.
No estar asombrado: el príncipe te condenará a muerte,
Si tú eres tomado: por lo tanto, se ha ido, lejos!

ROMEO

¡ Oh, soy tonto de la fortuna!

BENVOLIO

¿Por qué tú quedas?

Salida ROMEO

Entre los ciudadanos & c

Primer ciudadano

¿Por dónde corrió que matan habría Mercutio?
¿Tybalt, ese asesino, él corrió hacia?

BENVOLIO

Allí se encuentra ese Tybalt.

Primer ciudadano

Señor, ir conmigo;
Yo te cobran en el nombre de príncipes, obedecer.

Entrar en príncipe, asistido; MONTESCO, CAPULETO, sus esposas y otros

PRÍNCIPE

¿Dónde están los principiantes del viles de esta batalla?

BENVOLIO

El noble príncipe, he podido descubrir todo
Mala gestión de esta trifulca fatal:
Allí se encuentra al hombre, asesinado por el joven Romeo,
Mató a tu pariente, valiente Mercucio.

SEÑORA CAPULET

Tybalt, mi primo! El hijo de mi hermano!
El príncipe! El primo! marido! ¡ Oh, la sangre se derrame.
Oh mi querido pariente! Príncipe, ya que tú eres real,
Por la sangre de los nuestros, sangre derramada de Montague.
El primo, primo!

PRÍNCIPE

Benvolio, quien comenzó la pelea sangrienta.

BENVOLIO

Tybalt, asesinado aquí, quienes mataron a mano de Romeo;
Romeo que hablaba lo justo, le dijeron pensad
Qué bien la pelea era e instó a withal
Su alto descontento: todo esto pronunció
Con la respiración suave, mirada tranquila, rodillas humildemente
arco sería,
No pudo tomar la tregua con el bazo rebelde
De Tybalt sordo a la paz, pero él se inclina
Con perforación de acero en el seno de Mercutio audaz,
Tan caliente, que se vuelve mortal punto a punto,
Y, con un desprecio marcial, con una mano mejor
Muerte fría a un lado y con la otra manda
Volver a Tybalt, cuya destreza,
Lo replica: Romeo llora en voz alta,
' Hold, amigos! amigos, parte!' y, más rápido que
su lengua,
Su ágil brazo golpea sus puntos fatales,
Y entre los juncos; bajo cuyo brazo
Un empuje envidioso de Tybalt golpeó la vida
De Mercutio robusto y luego Tybalt huyó;
Pero por y vuelve a Romeo,
Que tenía pero recién entretener tuvo revancha,
Y a ' t van como un rayo, para, antes
Podría dibujar para los parte, Teobaldo valiente fue asesinado.
Y, como cayó, Romeo volverse y volar.
Esta es la verdad, o muera Benvolio.

SEÑORA CAPULET

Es un pariente de los Montague;
Afecto le hace falso; No es verdad que habla:
Unos veinte de ellos lucharon en esta contienda negra,

Y todos esos veinte pero matar una vida.
Te ruego por la justicia, que tú, príncipe, debe dar;
Mató a Romeo Tybalt, Romeo no debe vivir.

PRÍNCIPE

Romeo lo mató, mató a Mercutio;
¿Ahora el precio de su sangre Estimado deben?

MONTAGUE

No Romeo, príncipe, que era amigo de Mercutio;
Concluye su culpa pero lo que la ley debe terminar,
La vida de Tybalt.

PRÍNCIPE

Y por ese delito
Inmediatamente nos lo exilio por lo tanto:
Tengo interés en proceder de su odio,
Mi sangre por sus peleas groseros mentira un sangrado;
Pero yo te podrás amerce con una fuerte multa
Que arrepintáis la pérdida de los míos:
Voy a ser sordo a las súplicas y las excusas;
Ni las lágrimas ni oraciones se compran por abusos:
Por lo tanto ninguno uso: deja que Romeo por lo tanto, a toda prisa,
Otra cosa, cuando lo encuentre, que hora es el último.
Por lo tanto, tener este cuerpo y asistir a nuestra voluntad:
Piedad pero asesinatos, los que matan perdonando a.

Exeunt

ESCENA II. Jardín de Capuleto.

Entra Julieta

JULIET

Buen ritmo, galope corceles de fuego-footed,
Hacia el alojamiento de Phoebus: tal un wagoner
Como Faetón le azotaban al oeste,
Y a la noche nublada inmediatamente.
Difundir tu cerrar la cortina, noche de amor-realizando,
Los ojos de ese fugitivo pueden guiñar el ojo y Romeo
Salto a estos brazos, untalk'd de e invisible.
Pueden ver los amantes para hacer sus ritos amorosos
Por sus propias bellezas; o, si el amor es ciego,
Mejor coincide con la noche. Ven, noche de civil,
Tu matrona sobrio-satisfecho, todo de negro,
Y aprender a perder a un partido ganador,
Juego ' d por un par de maidenhoods de acero inoxidables:
Campana mi unmann sería sangre, rendido en mis mejillas,
Con tu manto negro; hasta el amor extraño, crecido audaz,
Creo que amor verdadero actuó simple modestia.
Ven, noche; Ven, Romeo; Ven, tú día en noche;
Para que quisieres mentira sobre las alas de la noche
Más blanco que la nieve nueva en parte posterior de un cuervo.
Vamos, noche apacible, vamos, amar, cejas negro noche,
Dame a mi Romeo; y, cuándo morirá,
Llévalo y cortarlo en pequeñas estrellas,
Y él hará la cara del cielo tan bien
Que todo el mundo estará enamorado de la noche
Y no pagar ningún culto al sol chillón.
¡ He comprado la mansión de un amor,
Pero no lo increíble, y, aunque me convenciste
Aún no enjoy'd: este día es muy tedioso
Como es la noche antes de un festival
Un niño impaciente que tiene nuevos trajes

Y no puede usarlos. ¡ Oh, aquí viene a mi enfermera,
Y trae noticias; y toda lengua que habla
Pero nombre de Romeo habla elocuencia celestial.

Entrar en enfermera, con cordones

Ahora, enfermera, qué noticias? ¿Qué tienes tú ahí? las cuerdas
¿Que Romeo deseo traer?

Enfermera

Ay, ay, las cuerdas.

Los tira hacia abajo

JULIET

Ay me! ¿Qué noticias? ¿por qué tú retorcer tus manos?

Enfermera

Ah, bueno-a-day! está muerto, está muerto, está muerto!
Estamos sin terminar, señora, somos deshacer!
Ay el día! se ha ido, es matar haría, está muerto!

JULIET

¿El cielo puede ser tan envidioso?

Enfermera

Romeo puede,
Aunque el cielo no puede: O Romeo, Romeo!
¿Quién lo hubiera pensado? Romeo!

JULIET

¿Qué diablo eres tú, que me atormentan así?
Esta tortura debe rugir en infierno sombrío.
¿Ha matado él mismo Romeo? decir, sino que 'Yo',
Y que desnudo vocal 'I' quieres envenenar más

Que el ojo de la muerte-lanzándose de basilisco:
No soy yo, si existir tal I;
O los ojos cerrados, que hacen que te responda 'I'.
Si él será asesinado, decir 'Yo'; o si no, no:
Breves sonidos determinan de weal o aflicción.

Enfermera

Yo vi la herida, lo vi con mis ojos...
Dios salve a la marca!... aquí en su pecho varonil:
Un lastimoso corse, un corse muy lastimoso;
Pálido, pálido como cenizas, todo bedaub'd en la sangre,
Todo en gore-sangre; Me swounded a la vista.

JULIET

¡ Oh, rompe, mi corazón! pobres quebrar, romper de una vez!
A prisión, ojos, nunca se ven en la libertad!
Renunciar a tierra vil, a la tierra; movimiento final aquí;
Y tú y Romeo presiona un pesado ataúd!

Enfermera

O Tybalt, Tybalt, el mejor amigo que he tenido!
O Tybalt Cortés! Caballero honesto!
Que siempre yo viva a verte muerto!

JULIET

¿Qué tormenta es que sopla tan contrario?
¿Es sacrificio de Romeo y es muerto Teobaldo?
¿Mi primo querido amado y mi querido señor?
Entonces, terrible trompeta, el destino general de sonido!
¿Para quién vive, si esos dos se han ido?

Enfermera

Teobaldo se ha ido, y Romeo desterrado;
Lo tenía que matar a Romeo, que está alejado.

JULIET

Oh Dios! ¿mano de Romeo derramar sangre de Tybalt?

Enfermera

Lo hizo, lo hizo; por desgracia el día, lo hizo!

JULIET

El corazón de la serpiente, con una cara de floración.
¿Alguna vez dragón tan justo una cueva?
Hermoso tirano! demonio angelical!
Plumas de paloma que raven! desollará-Rabie cordero!
Sustancia despreciado de Mostrar más divina!
Frente a lo que justamente seem'st,
Un santo maldito, un honorable villano!
O naturaleza, lo que tuviste que hacer en el infierno,
Cuando tú bower el espíritu de un demonio
¿En el paraíso moral de carne tan dulce?
Alguna vez libro contenía materia tan vil
Así que bastante limitado. O ese engaño debe habitar.
En un palacio tan hermoso!

Enfermera

No hay ninguna confianza,
No hay fe, no hay honestidad en los hombres; todos perjuró,
Todos renunciado, cero todos, todos dissemblers.
¿Dónde está mi hombre? Dame un aqua vitae:
Estas penas, estos males, estas penas hacen vieja.
Vergüenza venir a Romeo.

JULIET

Ampolla sería tu lengua
Para tal un deseo! Él no nació para vergüenza:
Sobre su frente vergüenza es vergüenza para sentarse;
Para ' tis tenía un trono donde el honor puede ser corona

Único monarca de la tierra universal.
¡ Oh, qué bestia iba a reñir con él!

Enfermera

¿Hablará bien de él que mata tenía su primo?

JULIET

¿Debo hablar mal de él es mi marido?
¡ Pobre mi señor, qué lengua deberá suavizar tu nombre,
¿Cuando yo, tu esposa de tres horas, lo he destrozado?
¿Pero, por lo tanto, villano, matar a mi primo?
Tendría que primo villano matar tenía mi marido:
Atrás, lágrimas tontas, de vuelta a su nativa primavera;
Sus gotas tributarios pertenecen al pobre,
Que tú, confundiendo, ofrece a la alegría.
Mi marido vive, habría matado a ese Tybalt;
Y Teobaldo está muerto, que habría matado a mi esposo:
Todo esto es comodidad; ¿por tanto llorar yo entonces?
Era algo allí, peor que la muerte de Tybalt
Que me tenga asesinato: lo olvidaría fain;
Pero, ¡ Oh, presiona a mi memoria,
Como hechos condenados culpables a las mentes de los pecadores:
'Tybalt está muerto y Romeo, desterrado;'
'Desterrado', esa palabra 'desterrada',
Ha matado a 10 mil Tybalts. Muerte de Tybalt
Fue pobre, si había terminado allí:
O, si Ay amargo se deleita en comunión
Y needly será la fila con otras penas,
¿Por qué no me siguen, cuando ella dijo 'Tybalt está muerto'
Tu padre o tu madre, nay o ambos,
¿Se movía que lamentaciones modernos?
Pero con la muerte de Tybalt siguientes una posterior-ward,
'Romeo es desterrado', para hablar de esa palabra,
Es padre, madre, Teobaldo, Romeo, Juliet,
Todos muertos, todos muertos. 'Romeo es desterrado'.

No tiene fin, no hay límite, medida, límite,
En la muerte de esa palabra; No hay palabras pueden ese sonido Ay.
¿Dónde está mi padre y mi madre, enfermera?

Enfermera

Llorando y lamentándose sobre Córcega de Tybalt:
¿Irás a ellos? Te traeré allá.

JULIET

Lava sus heridas con lágrimas: mío será gastado,
Cuando los suyos son secos, para el destierro de Romeo.
Toman esas cuerdas: cuerdas pobres, estás seducido,
Tanto usted como yo; para Romeo es desterrado:
Lo hizo por una autopista a mi cama;
Pero, una mucama, morir viuda soltera.
Ven, ven, cuerdas, enfermera; Voy a mi lecho nupcial;
Y la muerte, no Romeo, lleve mi maidenhead!

Enfermera

HIE a tu cámara: encontraré Romeo
Para consolarte: yo wot bien donde está.
Oye, tu Romeo llegará por la noche:
Voy a él; se escondió en Laurence' celular.

JULIET

¡ Encuéntralo! dar este anillo a mi verdadero caballero,
Y lo vamos a tomar su último adiós.

Exeunt

ESCENA III. Célula de Friar Laurence.

Entra Fray Lorenzo

FRAY LORENZO

Romeo, ven; Ven, tú hombre temeroso:
Aflicción es enamour'd de tus piezas,
Y tú eres casado con calamidad.

Entrar en ROMEO

ROMEO

Padre, qué noticias? ¿Qué es la perdición del príncipe?
¿Qué tristeza ansía conocido en mi mano,
¿Que aún no lo sé?

FRAY LORENZO

Muy familiar
Es mi querido hijo con una compañía tan amargo:
Te traigo buenas noticias de la muerte del príncipe.

ROMEO

¿Lo menos que condena día es la perdición del príncipe?

FRAY LORENZO

Una sentencia más suave desaparecido de sus labios,
No a la muerte del cuerpo, pero la expulsión del cuerpo.

ROMEO

Ja, destierro! ser misericordioso, decir 'muerte';
Para el exilio tiene más terror en su mirada,
Mucho más que muerte: no digas 'destierro'.

FRAY LORENZO

Por lo tanto de Verona eres tú desterrado:
Ten paciencia, porque el mundo es amplio y ancho.

ROMEO

No hay mundo sin muros de Verona,
Pero el purgatorio, tortura, infierno.
Desterrado por lo tanto es estoy en el mundo,
Y exilio del mundo es la muerte: entonces desterrado,
Es la muerte mis-término tenía: llamando a destierro de la muerte,
Tú cortas mi cabeza con un hacha de oro,
Y sonríes con la carrera que me mata.

FRAY LORENZO

El pecado mortal! O desagradecimiento grosero!
Tu culpa nuestra ley llama a la muerte; Pero el príncipe amable,
Tu participación, tiene prisa haría a un lado la ley,
Y vuelta tuvo esa palabra negro muerte a destierro:
Esto es estimado misericordia, y tú no lo ves.

ROMEO

' Tis tortura y no misericordia: el cielo está aquí,
Donde vive Julieta; y todos los gatos y perros
Y Ratoncito, cada cosa indigna,
Vivo aquí en el cielo y puede parecer en ella;
Pero no puede Romeo: mayor validez,
Estado más noble, más vidas de cortejo
En Carrión de moscas que Romeo: que mi agarre
En la maravilla de la mano de querida Julieta blanca
Y robar bendición inmortal de sus labios,
Que, incluso en modestia pura y vestal,
Todavía blush, como pensando en sus propios besos pecado;
Pero puede que Romeo no; Él es desterrado:
Las moscas pueden hacerlo, pero de esto debo volar:
Son hombres libres, pero yo estoy desterrado.
¿Y decias tú aún que el exilio no es la muerte?

Si hubieras tú que no haría ninguna mezcla veneno, sin cuchillo
agudo del suelo,
No quiere decir repentino de la muerte, aunque nunca tan mala,
¿Pero 'desterrado' matarme?--'desterrado'?
El Fraile, el condenado a usar esa palabra en el infierno;
Aullidos asisten: Qué tienes tú el corazón,
Siendo un divino, un confesor fantasmal,
Un pecado-absolver y mi amigo profess'd,
¿A me mutilar con esa palabra 'desterrada'?

FRAY LORENZO

Eres aficionado loco hombre, oírme sino una palabra.

ROMEO

¡ Oh, tú quieres hablar otra vez del destierro.

FRAY LORENZO

Te daré la armadura para mantener fuera de esa palabra:
Dulce de leche de adversidad, filosofía,
Para consolar a ti, aunque tú eres desterrado.

ROMEO

¿Sin embargo, 'desterrado'? Cuelga la filosofía!
A menos que la filosofía puede hacer una Julieta,
Displant una ciudad, revertir la perdición de un príncipe,
No ayuda, no prevalece: hablar más.

FRAY LORENZO

Oh, veo que los locos tengan oídos.

ROMEO

¿Cómo deben que, cuando eso sabios no tiene ojos?

FRAY LORENZO

Déjame disputa contigo de tus raíces.

ROMEO

Tú no puedes hablar de que tú no se sienten:
Wert tú tan joven como yo, Juliet tu amor,
Una hora pero casado, Teobaldo asesinado,
Amabilidadde ayudarla crecer como yo y como yo desterrado,
A continuación, pudieras tú hablas, entonces pudieras tú rasgar tu pelo,
Y caer sobre la tierra, como lo hago ahora,
Tomando la medida de una tumba deshecha.

Golpear dentro de

FRAY LORENZO

Se presentan; uno llama a la puerta; buen Romeo, escóndete.

ROMEO

Yo no; a menos que el aliento de nostalgia gemidos,
Como la niebla, me infold en la búsqueda de los ojos.

Golpeando

FRAY LORENZO

Oye, cómo llaman a la puerta! ¿Quién es? Romeo, se presentan;
Tú marchitez tomarse. Quédate un rato! Ponte de pie;

Golpeando

Correr a mi estudio. A. La voluntad de Dios
¿Qué sencillez es esto! Vengo, vengo!

Golpeando

¿Quien golpea tan duro? ¿de dónde venís? ¿Cuál es tu voluntad?

Enfermera

[En] Déjame entrar, y conoceréis
mandado;
Yo vengo de Lady Juliet.

FRAY LORENZO

Bienvenido, entonces.

Entrar en enfermera

Enfermera

Oh santo fraile, O, dime, santo fraile,
¿Dónde está el señor de mi señora, ¿dónde está Romeo?

FRAY LORENZO

Allí en el suelo, con su propias lágrimas hizo borracho.

Enfermera

¡ Oh, es incluso en caso de mi señora,
En su caso. O simpatía woful!
Lastimoso predicamento. Aún así se encuentra
Llorando y llorando, llorando y llorando.
Levántate, levántate; soporte y ser un hombre:
Por el amor de Julieta, por su propio bien, subida y soporte;
¿Por qué caiga en un tan profundo O?

ROMEO

Enfermera!

Enfermera

¡Señor! ¡Señor! Bueno, la muerte es el fin de todo.

ROMEO

¿Oyéndolo de Juliet? ¿Qué pasa con ella?
Ella no pensar que soy un asesino,
Ahora tengo mancha tuvo la infancia de nuestro gozo
¿Con sangre eliminado pero poco de su propia?
¿Dónde está? ¿y cómo está ella? ¿y qué dice
Mi ocultar le encantaría dama a nuestra cancell.

Enfermera

¡ Oh, dice nada, señor, pero llora y llora;
Y ahora cae sobre su cama; y entonces empieza para arriba,
Y Teobaldo llamadas; y entonces en gritos de Romeo,
Y luego cae otra vez.

ROMEO

Como si ese nombre,
Desde el nivel mortal de un arma,
Asesinar a ella; como la mano maldito ese nombre
Asesinato tenía su pariente. Oh, dime, fraile, dime,
¿En que parte de esta anatomía vil
¿Presentar mi nombre? Dime, que puedo despedir
La mansión odiosa.

Sacando su espada

FRAY LORENZO

Tu mano desesperado:
¿Eres un hombre? tu forma clama eres:
Tus lágrimas son afeminadas; tus actos salvajes denotan
La furia irrazonable de la bestia:
Mujer indecorosa en un aparente hombre!
O mal-beseeming bestia en aparente tanto!
Tú me has asombrado: por mi orden sagrada,

Pensé que tu temperamento mejor disposición.
¿Tú has matado a Teobaldo? ¿Quieres tú matar a ti mismo?
Y tu mujer también que vive en ti,
¿Haciendo maldecido odio sobre ti?
¿Por qué rail'st tú en tu nacimiento, el cielo y la tierra?
Desde el nacimiento y el cielo y tierra, conocer a los tres
En ti a la vez; que a la vez tú wouldst perder.
Vergüenza, vergüenza, tú shamest tu forma, tu amor, tu ingenio;
Que, al igual que un usurero, abound'st
Y ninguno en que cierto uso de hecho usest
Que debe desde tu forma, tu amor, tu ingenio:
Tu noble forma no es sino una forma de cera,
Divagando de la valentía de un hombre;
Tu amor querido jurado pero hueco perjurio,
Matar a ese amor que tú has voto debía respetarla;
Tu ingenio, adornan a la forma y el amor,
Deforme en la conducta de ambos,
Como polvo en matraz bolo del soldado,
Es incendiada por tu propia ignorancia,
Y te dismember'd con tu propia defensa.
¿Despertar a ti, hombre! tu Julieta es viva,
Para cuyo bien querida pero últimamente estuviste muerto;
Allí eres feliz: Tybalt mataría a ti,
Pero tú slew'st Tybalt; allí tú también eres feliz:
La ley que threaten'd la muerte se convierte en tu amigo
Y lo convierte al exilio; allí eres feliz:
Un paquete de bendiciones ilumina a tus espaldas;
Felicidad te cortes en su mejor arsenal;
Pero, al igual que una joven malcriada y sombrío,
Tú pout'st a tu fortuna y tu amor:
Tened cuidado, cuidado, porque tal morir miserable.
Vete, vete a tu amor, como fue decretado,
Ascender su cámara, por lo tanto y consuelo:
Pero mira tú quedas no hasta que el reloj se fijará,
Entonces tú no puedes pasar a Mantua;
Donde tú serás vivo, hasta que encontramos un tiempo

Para abrir tu matrimonio, reconciliar a tus amigos,
Pido perdón del príncipe y te llamo
Con más de ciento veinte mil veces alegría
Que tú went'st en llanto.
Antes, enfermera: me encomiendo a tu señora;
Y ella acelerar toda la casa a la cama,
Que dolor pesado los hace aptos para:
Romeo se acerca.

Enfermera

Oh Señor, que estancia sería aquí toda la noche
Escuchar buen consejo: O, lo que el aprendizaje es!
Mi señor, te voy a contar a mi señora que vendrá.

ROMEO

Hacerlo y manda mi dulce prepare a reñir.

Enfermera

Aquí, señor, un anillo de ella me invitan a dar a usted, señor:
HIE, date prisa, porque crece muy tarde.

Salida

ROMEO

¿Qué tan bien mi consuelo es revivido por esto!

FRAY LORENZO

Retiraos; Buenas noches; y aquí está toda su estado:
Tampoco se han ido antes de fijar el reloj,
O por la rotura del día disfrazado de ahí:
Estadía en Mantua; Encontraré a su hombre,
Y él deberá significar de vez en cuando

Cada buena hap a usted que aquí las posibilidades:
Dame tu mano; ' tis tarde: despedida; Buenas noches.

ROMEO

Pero que alegría alegría pasada clama a mí,
Fue una pena, tan breve parte contigo: Adiós.

Exeunt

ESCENA IV. Una habitación en casa de Capuleto.

Ingrese CAPULETO, LADY CAPULETO y PARIS

CAPULET

Las cosas tienen fall'n fuera, señor, así que por desgracia,
Que hemos tenido no hay tiempo para mover a nuestra hija:
Mirarte, amaba su pariente Tybalt,
Y también lo hizo I:--Bueno, nacimos para morir.
' Tis muy tarde, no se vino abajo esta noche:
Te lo prometo, pero para su empresa,
Yo habría sido una cama hace una hora.

PARÍS

Estos momentos de aflicción pagar no hay tiempo para cortejar.
Buenas noches, señora: me encomiendo a su hija.

SEÑORA CAPULET

Yo y sabes le importa temprano mañana;
Esta noche es mew sería hasta su pesadez.

CAPULET

Señor Paris, voy a hacer una licitación desesperada
Del amor de mi hijo: Yo creo que ella se regirá
En todos los aspectos por mí; Nay, más, no lo dudo.
Esposa, ir con ella antes ir a la cama;
Familiarizar a ella del amor de mi hijo Paris;
Y la oferta, marca, el miércoles próximo.
Pero, suave! ¿Qué día es hoy?

PARÍS

Lunes, mi señor,

CAPULET

Lunes! ¡Je je! Bueno, es demasiado pronto, el miércoles
Del jueves que sea: del jueves, Dile,
Ella se casará este noble conde.
¿Estarás preparado? ¿Te gusta esta prisa?
Mantendremos sin gran demora,--un amigo o dos;
Para, escucha, Teobaldo siendo asesinado tan tarde,
Se puede pensarlo que sostuvimos negligentemente,
Siendo nuestro pariente, si nos deleitamos mucho:
Por lo tanto vamos a tener algunos amigos media docenas,
Y no hay un final. Pero ¿qué dices al jueves?

PARÍS

Mi señor, me gustaría que el jueves fueron mañana.

CAPULET

Bueno ya: o ' el jueves sea, entonces.
Te voy a Juliet antes de irte a la cama,
Prepararla, esposa, contra este día de la boda.
Adiós, mi señor. La luz de mi cámara, ho!
Antes de mí! es muy muy tarde,
Que nosotros decimos temprano a.
Buenas noches.

Exeunt

ESCENA V. Jardín de Capuleto.

Entrar en ROMEO y Julieta arriba, en la ventana

JULIET

¿Quieres tú hayan desaparecido? No es sin embargo cerca de día:
Era el ruiseñor y no la alondra,
Perforó el hueco temeroso de tu oído;
Todas las noches canta en yon-Granado:
Créeme, amor mío, que era el ruiseñor.

ROMEO

Fue la alondra, el herald de la mañana,
No nightingale: Mira, amor, Qué envidia rayas
Hacer encaje las nubes seccionamiento en este más allá:
Las velas de la noche se queman fuera y alegre día
Soportes de puntillas en las cimas de la montaña brumosa.
Debo irme y vivir, o quedarse y morir.

JULIET

Aquella luz no es luz del día, lo sé, I:
Es un meteoro que exhala el sol,
Estar contigo esta noche un portador de antorcha,
Y te de luz en tu camino a Mantua:
Por lo tanto quedarse todavía; Tú irte a no desaparecer.

ROMEO

Déjame ser mundana, déjame ser condenado a muerte;
Estoy contento, así que quisieres que así.
Yo voy a decir yon gris no es el ojo de la mañana,
' Tis sino el pálido reflejo de la frente de Cynthia;
Ni esa no es la alondra, cuyas notas beat
El cielo vaulty tan alto por encima de nuestras cabezas:
Tengo más cuidado quedarse que va a ir:
Ven, muerte y ¡ Bienvenido! Julieta lo quiere así.
¿Cómo es, mi alma? Vamos a hablar; No es día.

JULIET

Es, es: hie por lo tanto, se ha ido, lejos!
Es la alondra que canta tan desafinado,
Filtra las discordias ásperos y desagradable para objetos punzantes.
Algunos dicen que la alondra hace división dulce;
Esto no es así, porque ella nos separa:
Algunos dicen que la alondra y detestado sapo cambian los ojos,
¡ Oh, ahora lo haría habían cambiado las voces también!
Desde el brazo del brazo esa voz nos refriega,
Por lo tanto te caza con hunt-hasta el día,
¡ Oh, ahora se ha ido; más luz y luz crece.

ROMEO

Más luz y luz; más oscuro y oscuro nuestros males!

Entrar en enfermera, a la cámara

Enfermera

Señora!

JULIET

¿Enfermera?

Enfermera

Su señora madre se acerca a su cámara:
El día está roto; Desconfíe, mira sobre.

Salida

JULIET

Entonces, ventana, día en que y soltó la vida.

ROMEO

Adiós, adiós! un beso y yo a descender.

Va

JULIET

¿Tú eres tan ido? amor, señor, ay, marido, amigo!
Yo debo escuchar de ti cada día en la hora,
Para en un minuto hay muchos días:
¡ Por esta cuenta estaré mucho en años
Aquí otra vez veo a mi Romeo!

ROMEO

¡ Adiós!
Yo no se omite ninguna oportunidad
Que puede transmitir mis saludos, amor, a ti.

JULIET

¿O crees tú nunca volveremos a vernos?

ROMEO

Lo dudo no; y todos estos males ejercerán
Para los dulces discursos en nuestro tiempo.

JULIET

Oh Dios, yo tengo un alma mal-adivinando!
Me parece que te veo, ahora eres más abajo
Como un muerto en el fondo de una tumba:
Mi vista falla o tú look'st pálido.

ROMEO

Y confía en mí, amor, en el ojo tan verdad:
Tristeza seca bebe nuestra sangre. Adiós, adiós!

Salida

JULIET

O fortuna, fortuna! todos los hombres te llaman voluble:
Si tú eres inconstante, qué haces tú con él.
¿Es reconocido por fe? Ser inconstante, fortuna;
Para entonces, espero que quisieres no mantenga lo largo,
Pero enviarlo de regreso.

SEÑORA CAPULET

[En] Jo, hija! ¿Estás arriba?

JULIET

¿Quién es el que llama? ¿es mi señora madre?
No está tan tarde, o tan temprano?
¿Qué unaccustom'd causar le procura acá?

Entrar señora CAPULET

SEÑORA CAPULET

¿Por qué, cómo, Juliet!

JULIET

Señora, no estoy bien.

SEÑORA CAPULET

¿Siempre llorando por la muerte de su primo?
¿Tú lo lave desde su tumba con lágrimas se marchita?
Un if podría, tú no podría hacerle vivir;
Por lo tanto, han hecho: algo de dolor demuestra mucho amor;
Pero gran parte de la muestra de dolor todavía algunos de ingenio.

JULIET

Sin embargo déjame llorar por una pérdida tan sensación.

SEÑORA CAPULET

Entonces se te sientes la pérdida, pero no el amigo
Que lloras por.

JULIET

Así se siente la pérdida,
No se puede elegir pero nunca lloran al amigo.

SEÑORA CAPULET

Bueno, chica, tú lloras no tanto por su muerte,
Como el villano vive lo tenía que matar.

JULIET

¿Qué señora villano?

SEÑORA CAPULET

Ese mismo villano, Romeo.

JULIET

[Aparte] Villano y ser muchas millas asunder....
Dios le perdone! Hacer, con todo mi corazón;
Y sin embargo nadie como él llorar mi corazón.

SEÑORA CAPULET

Es decir, porque el asesino traidor vive.

JULIET

Sí, señora, desde el alcance de estas mis manos:
¿Ninguno pero podría venge la muerte de mi primo!

SEÑORA CAPULET

Tenemos a la venganza por ello, temas no:
Luego llorar no más. Te mandaré a uno en Mantua,
Donde vivo que igual estoy runagate,
Le dará tal una unaccustom tenía copita,
Y que pronto mantendrá Tybalt empresa:
Y entonces, espero que quisieres estar satisfecho.

JULIET

De hecho, nunca estaré satisfecho
Con Romeo, hasta que lo veo muertos...
Se vex'd mi pobre corazon la muerte de un pariente.
Señora, si puedes descubrir un hombre
Para llevar un veneno, yo podría moderar
Que Romeo debe, tras la recepción
Pronto dormir en silencio. ¡ Oh, cómo mi corazón aborrece
Escuchar el nombre y no puede venir a él.
Para hacer el amor que me aburro mi primo
Ese sacrificio lo tenía sobre su cuerpo!

SEÑORA CAPULET

Encontrar los medios y encontraré a un hombre.
Pero ahora ya te contaré Noticias alegres, chica.

JULIET

Y la alegría viene bien en un momento tan necesitado:
¿Qué son, suplico a su Señoría?

SEÑORA CAPULET

Bueno, bueno, has cuidado de un padre, niño;
Uno que, para ti poner de tu pesadez,
Ha resuelto un repentino día de alegría,
Que tú expect'st no ni yo no tenía aspecto.

JULIET

Señora, en tiempos felices, ¿qué día es?

SEÑORA CAPULET

Casarse, mi niño, temprano mañana jueves,
El caballero galante, joven y noble,
El Condado de París, en la iglesia de San Pedro,
Felizmente hará ti allí una novia alegre.

JULIET

Ahora, por la iglesia de San Pedro y Peter también,
Él no hará me allí una novia alegre.
Me pregunto en esta prisa; que yo debo casarme
Antes, que debe ser marido, viene a cortejar.
Te ruego, Dile a mi señor y padre, señora,
No me casaré todavía; y, cuando lo haga, lo juro,
Será Romeo, quien sabe que odio,
En lugar de París. Estas son buenas noticias!

SEÑORA CAPULET

Aquí viene a tu padre; Díselo tú,
A ver cómo tomará en sus manos.

Introduzca CAPULETO y enfermera

CAPULET

Cuando se pone el sol, el aire llovizna rocío;
Pero para el atardecer del hijo de mi hermano
Llueve francamente.
¿Cómo ahora! ¿un conducto, chica? ¿todavía en lágrimas?
¿Evermore ducharse? En un cuerpo pequeño
Tú counterfeit'st a la corteza, un mar, un viento;
Para todavía tus ojos, que te puedo llamar al mar,
Hacer idas y venidas con lágrimas; la corteza es tu cuerpo,

Navegando en esta inundación sal; los vientos, tus suspiros;
Quien, furioso con tus lágrimas y con ellos,
Sin una repentina calma, será desbordado
Tu cuerpo azotada por tempestad. ¿Cómo ahora, esposa!
¿Tienes entrega tenía con ella nuestro decreto?

SEÑORA CAPULET

Sí, señor; Pero lo hará ninguno, te da las gracias.
Lo haría el tonto se casaron a su tumba!

CAPULET

Suave! Llévame contigo, llévame contigo, mujer.
¡ Cómo! ¿Ella ninguno? No nos da gracias?
¿No es orgulloso? Ella no le blest, cuenta
Indigna como ella es, que nos hemos forjado
¿Tan digno de un caballero a su novio?

JULIET

No orgulloso, tienes; Pero agradecido, que tienes:
Orgulloso nunca seré de lo que odio;
Pero agradecido incluso para el odio, que significa amor.

CAPULET

¿Ahora, cómo ahora, chop-lógica! ¿Qué es esto?
'Orgulloso' y 'Gracias' y «Gracias no;»
Y sin embargo 'no orgulloso', amante servil,
No agradecerme thankings, ni, orgulloso me no prouds,
Pero desbarbar las articulaciones bien ' contra el jueves próximo,
Para ir a París a la iglesia de San Pedro,
O te arrastraré a ti en un obstáculo para allá.
Hacia fuera, Carrión verde-enfermedad! fuera, tu equipaje!
Te sebo-cara!

SEÑORA CAPULET

Basta, basta! ¿Estás loco?

JULIET

Buen padre, te suplico de rodillas,
Escúchame con paciencia pero al decir una palabra.

CAPULET

Colgar a ti, joven equipaje! desobediente miserable!
Te lo digo: Vete a la iglesia del jueves,
O nunca después de mirarme a la cara:
No hable, no responder, no responde;
Mis dedos pican. Esposa, escasos pensamos nosotros blest
Que Dios nos habían prestado pero este hijo único;
Pero ahora veo que éste es uno demasiado,
Y que tenemos una maldición en tenerla:
En ella, hilding!

Enfermera

Dios la bendiga!
Eres culpable, mi señor, a la tasa tan.

CAPULET

¿Y por qué, mi señora la sabiduría? controla tu lengua,
Buena prudencia; emita con sus chismes, go.

Enfermera

No hablo traición.

CAPULET

¡ Oh, Dios os Dios-den.

Enfermera

¿No se puede hablar?

CAPULET

La paz, mascullando tonto!
Absoluta de la gravedad sobre el tazón de fuente de un chisme;
Por aquí no lo necesitamos.

SEÑORA CAPULET

Usted está demasiado caliente.

CAPULET

Pan de Dios! me vuelve loco:
Día, noche, hora, marea, tiempo, trabajo, juego,
Solo, en compañía, todavía mi cuidado ha sido
Para que coincida con: y ahora haber proporcionado
Un caballero de noble linaje,
De dominios, juveniles, es justo y noble tren sería,
Lo haría, como dicen, con las piezas honorables,
Proporción como uno se cree que desearía a un hombre;
Y luego tener un tonto puling miserable,
Un quejido mammet, en licitación de su fortuna,
Para responder a ' no se podrá casar; No puedo amar,
Soy muy joven; Te ruego que me perdono.»
Pero, como que no se casará, te te perdono:
Pastar donde quiera que no se casa conmigo:
Mira asistire, creo que, yo no uso a broma.
El jueves está cerca; poner la mano sobre el corazón, aconseja:
¿Ser mío, te voy a dar a mi amigo;
Y que no cuelgue, ruego, hambre, morir en
las calles,
Por mi alma, usted nunca reconozco
Ni lo que no es mío nunca te hará buena:
Confía en asistire, pensad; No podrá ser renunciado.

Salida

JULIET

Hay piedad sentado en las nubes,
¿Que se ve en el fondo de mi dolor?
¡ Oh, dulce mi madre, me arrojaron no lejos!
Retrasar este matrimonio durante un mes, a la semana;
O, si no lo haces, hacer la cama nupcial
En ese monumento dim donde yace Tybalt.

SEÑORA CAPULET

No me hables, para no a una palabra:
Haz lo que quisieres, porque he hecho contigo.

Salida

JULIET

¡ Oh Dios!, O enfermera, ¿cómo será esto ser prevenida?
Mi esposo está en la tierra, mi fe en el cielo;
¿Cómo será esa fe volver otra vez a la tierra,
A menos que marido enviarla me desde el cielo
¿Al dejar la tierra? consolarme, aconsejarme.
Qué pena, qué pena, que el cielo debe practicar estratagemas
Tan suave un tema como yo!
¿Qué dijiste tú? ¿Tienes tú ni una palabra de alegría?
Un consuelo, enfermera.

Enfermera

Fe, aquí está.
Romeo es estoy; y todo el mundo
Y que nunca se atreve a volver a desafiarte;
O, si lo hace, necesita debe ser con sigilo.
Luego, desde el caso soportes así como ahora lo hace,
Creo que mejor que te casaste con el condado.
¡ Oh, él es un caballero encantador!
Romeo es un dishclout para él: un águila, señora,
Ha no es tan verde, tan rápido, tan justo un ojo

Como ha de París. Ofendería mi corazón,
Creo que eres feliz en este segundo partido,
Para sobresale su primera: o si no,
La primera está muerta; o ' fuera como fuera,
Como vivir aquí y ningún uso de él.

JULIET

¿Tú hablas de tu corazón?

Enfermera

Y desde mi alma;
O más ofendería a ambos.

JULIET

Amén!

Enfermera

¿Qué?

JULIET

Bueno, tú has me consoló mucho maravilloso.
En: y dile a mi señora que me vaya,
Habiendo descontentó a mi padre, a Laurence' célula,
A confesar y a ser absuelto.

Enfermera

Casarse, lo haré; y esto se hace con prudencia.

Salida

JULIET

Antigua maldición! O más malvado demonio!
¿Es pecado más a desearme así renunciado,
O para aprobar a mi señor con esa misma lengua

El cual ella ha elogiado con encima de comparar
Tantos miles de veces. ¡ Vamos, consejera;
Tú y mi pecho de ahora en adelante serán twain.
Voy al fraile, saber su remedio:
Si todo lo demás falla, yo tengo poder para morir.

Salida

ACTO IV

ESCENA I. Célula de Friar Laurence.

Entra Fray Lorenzo y París

FRAY LORENZO

¿El jueves, señor? el tiempo es muy corto.

PARÍS

Mi padre Capuleto tendrá así;
Y no soy nada lento para aflojar su prisa.

FRAY LORENZO

Dices que no conoces la opinión de la señora:
El curso es irregular, no me gusta.

PARÍS

Immoderately llora por la muerte de Tybalt,
Y por lo tanto tienen que hablar ' d de amor;
Para sonrisas de Venus no en una casa de lágrimas.
Ahora, señor, su padre lo cuenta peligroso
Que le da su dolor tanto vaivén,
Y en su sabiduría hastes nuestro matrimonio,
Para detener la inundación de sus lágrimas;
Que, con mentalidad demasiado por ella sola,
Puede ponerse de ella por la sociedad:
¿Sabe la razón de esta prisa.

FRAY LORENZO

[Aparte] Ya se sabía que no por qué debería ser slow'd.
Mira, señor, aquí viene a la señora hacia mi celda.

Entra Julieta

PARÍS

Felizmente conocido, mi señora y mi esposa!

JULIET

Que puede ser, señor, cuando puede que sea una mujer.

PARÍS

Puede que debe ser, amor, el jueves próximo.

JULIET

Lo que debe ser será.

FRAY LORENZO

Eso es cierto texto.

PARÍS

¿Venís para hacer confesión a este padre?

JULIET

Para responder eso, debo confesar a usted.

PARÍS

No niego que lo que tú me amas.

JULIET

Confesaré a ti que lo amo.

PARÍS

Igual que vosotros, estoy seguro, que me amas.

JULIET

Si lo hago, será de más precio,
Siendo habló a sus espaldas, que cara a cara.

PARÍS

Pobre alma, tu rostro es mucho abuso con lágrimas.

JULIET

Las lágrimas tienen pequeña victoria por eso;
Para él era suficiente antes de su despecho.

PARÍS

Tú wrong'st que, más que lágrimas, con ese informe.

JULIET

Eso no es calumnia, señor, que es una verdad;
Y lo que me habló, me habló a mi cara.

PARÍS

Tu rostro es mía, y has tenido calumnia.

JULIET

Puede ser, porque no es mía.
¿Estás en ocio, Santo Padre, ahora;
O me presentaré a usted en misa de la tarde.

FRAY LORENZO

Mi ocio me sirve, hija pensativa, ahora.
Mi señor, nosotros debemos instar el tiempo a solas.

PARÍS

Escudo de Dios debería molestar devoción!
Julieta, el jueves temprano a despertar a vosotros:
Hasta entonces, adiós; y este beso santo.

Salida

JULIET

O cierra la puerta! y cuando tú has hecho,
Ven llorar conmigo; últimos de la esperanza, más allá de la curación,
más allá de la ayuda.

FRAY LORENZO

Ah, Juliet, ya conozco tu dolor;
Me cepas más allá de la brújula de mi ingenio:
He oído que tú debes, y nada puede prorrogar
El jueves próximo se casará con este país.

JULIET

Dime no, fraile, que hear'st de esto,
A menos que tú dime cómo puedo prevenirlo:
Si, en tu sabiduría, tú no puedes dar ninguna ayuda,
Tú hagas pero llama mi resolución sabio,
Y con este cuchillo yo lo ayudo en la actualidad.
Únete a Dios tenía mi corazón y Romeo, nuestras manos;
Y aquí esta mano, junto a ti a Romeo sello,
Será la etiqueta a otro acto,
O mi corazón traicionero revuelta
Girar a la otra, esto matará a ambos:
Por lo tanto, fuera de tu tiempo con larga experiencia,
Dame a un abogado presente, o, he aquí,
Entre mis extremos y me este cuchillo ensangrentado
Jugará al árbitro, arbitrar
Que la Comisión de tus años y arte
A ningún tema de verdadero honor traería.

No ser tanto hablar; Yo deseo morir,
Si lo que agudeza no hablen de remedio.

FRAY LORENZO

Hold, hija: Yo veo una especie de esperanza,
Que ansía tanto una ejecución.
Como que nos impediría está desesperado.
If, en lugar de casarse con el Condado de París,
Tienes la fuerza de voluntad para matar a ti mismo,
Entonces es probable que quisieres que comprometen
Una cosa como la muerte a reñir a esta vergüenza,
Copest con la muerte para escapar de él:
Y, si te darest, te daré remedio.

JULIET

¡ Oh, dejadme salto, en lugar de casarse con Paris,
Fuera de las murallas de aquella torre;
O andar en caminos convida; o me invitan al acecho
¿Dónde están las serpientes; me la cadena con el rugir de los osos;
O me cierra todas las noches en un osario,
Sobre la cubierta ' d absolutamente con golpeteo huesos de hombres
muertos,
Con caña humeante y cráneos Parca amarillas;
O me invitan a entrar en un sepulcro nuevo hecho
Y me oculta con un hombre muerto en su mortaja;
Cosas que escucharlos dijo, me han hecho temblar;
Y lo haré sin temor o duda,
Para vivir un unstain sería a esposa a mi dulce amor.

FRAY LORENZO

Espera, entonces; ir a casa, ser feliz, dar su consentimiento
Casarme con Paris: el miércoles es para mañana:
Mirada de la noche a la mañana que tú mientes solo;
Que no tu enfermera mentir contigo en tu cámara:
Toma este frasco, siendo entonces en la cama,

Y este licor destilado beber
Cuando en la actualidad por todas tus venas correrán
Un humor frío y somnolencia, sin pulso
Deberá mantener su progreso nativo, pero surcease:
Sin calor, sin aliento, deberá testificar tú vives;
Pasarán las rosas en tus labios y mejillas
A las cenizas paly, ventanas de tus ojos caen,
Como la muerte, cuando él se calla el día de la vida;
Cada parte, privado de gobierno flexible,
Deberá, rígido y descarnado y frío, aparecen como la muerte:
Y en este borrow'd semejanza de muerte encogida
Tú deberás seguir dos y cuarenta horas,
Y luego despierto a partir de un sueño agradable.
Ahora, cuando llega el novio en la mañana
Para despertar a ti de tu cama, ahí estás muerto:
Entonces, cómo es la manera de nuestro país,
En tus mejores ropas uncover'd sobre el catafalco
Tú serás correrán a esa misma antigua bóveda
Donde yacen todos los parientes de los Capuleto.
Por el momento, contra tú serás despierto,
Romeo por mis cartas conocerá nuestra deriva,
Y acá él vendrá: y él y yo
A ver tu despertar y esa misma noche
Deberá llevar por lo tanto te Romeo a Mantua.
Y esto te será libre de esta vergüenza presente;
Si ningún juguete inconstante, ni miedo afeminado,
Abate tu valor en la interpretación de él.

JULIET

Dame, dame! ¡ No me digas de miedo!

FRAY LORENZO

Bodega; Ya, ser fuerte y próspera
En esta resolución: te mandaré un fraile con velocidad
A Mantua, con mis cartas a tu señor.

JULIET

Amor Dame fuerzas! y fuerza deberá ayudar a pagar.
¡ Adiós, querido padre!

Exeunt

ESCENA II. Sala en casa de Capuleto.

Ingrese CAPULETO, señora CAPULET, enfermera y dos Servingmen

CAPULET

Tantos invitados invitan como aquí está escrito.

Salida primer criado

Sirrah, ve a contratarme veinte cocineros astutos.

Segundo criado

Tendréis ninguno enfermo, señor; Pues voy a probar si ellos
Puedes lamer sus dedos.

CAPULET

¿Cómo puedes tú probarlos así?

Segundo criado

Casarse, señor, ' es una enfermedad que cocina pueden lamer su
dueño de los dedos: por lo tanto el que no se puede lamer su
los dedos no me acompaña.

CAPULET

Vaya, hayan desaparecido.

Siervo segunda salida

Nosotros seremos mucho sin amueblar para esta época.
¿Es mi hija fue a Friar Laurence?

Enfermera

Sí, en verdad.

CAPULET

Bueno, él puede la oportunidad de hacer algo bueno de ella:
Uno mismo-voluntad irascible ' d es prostitución.

Enfermera

Ver de dónde viene confesión con mirada alegre.

Entra Julieta

CAPULET

¿Ahora, mi cabeza dura! ¿Dónde ha sido trabajaras?

JULIET

¿Dónde he learn'd a arrepentirse del pecado
De oposición desobediente
A ti y tu iglesía y estoy enjoin'd
Por Laurence Santo caer postrado
Y pido perdón: Perdón, os lo suplico!
De ahora en adelante nunca descarté por usted.

CAPULET

Enviar para el Condado; Ve y dile esto:
Voy a tener este nudo tejer hasta mañana por la mañana.

JULIET

Conocí al señor juvenil en Laurence' de la célula;
Y le dio lo que complacía el amor puede ser,
No paso por los límites de la modestia.

CAPULET

Estoy contento de esquileo; Esto es así: de pie:
Esto debe ser as't. Déjame ver el Condado;
Ay, casarse, vamos, yo digo y buscarlo acá.

Ahora, antes de Dios! este santo fraile Reverendo,
Nuestra ciudad está limitado mucho a él.

JULIET

Enfermera, irás conmigo en mi armario.
Que me ayude a resolver tales ornamentos necesarias
¿Como cree oportuno Déme mañana?

SEÑORA CAPULET

No, no hasta el jueves; No hay tiempo suficiente.

CAPULET

Enfermera, vamos con ella: Vamos a la iglesia mañana.

Exeunt JULIET y enfermera

SEÑORA CAPULET

Vamos a ser cortos en nuestra disposición:
' Tis ahora cerca de la noche.

CAPULET

Tush, se revuelve
Y todo estará bien, te garantizo esposa:
Tú ve a Julieta, ayudar a cubierta para arriba de ella;
Voy a dejar de cama esta noche; Déjame en paz;
Se juega una vez el ama de casa. ¿Ho!
Todos ellos están adelante. Bueno, Yo Caminare
Al Condado de París, para prepararlo para arriba
Contra-mañana: mi corazón está maravillosa luz,
Desde este misma joven descarriada es así reclamar.

Exeunt

ESCENA III. Cámara de Juliet.

Entra Julieta y enfermera

JULIET

Sí, esos atuendos son los mejores: pero, enfermera amable,
Te ruego que me dejes a mi auto esta noche,
Porque tengo necesidad de muchas plegarias
Para mover los cielos para sonreír a mi estado,
Que tú bien sabéis, es cruzada y lleno de pecado.

Entrar señora CAPULET

SEÑORA CAPULET

¿Estás ocupado, ho? ¿usted necesita mi ayuda?

JULIET

No, señora; Tenemos cull tenía tan necesarias
Como ceremonia para nuestro estado para mañana:
Así que por favor le, déjame ser dejado solo,
Y que a la enfermera esta noche se siente contigo;
Pues, estoy seguro, tienes las manos llenas
En este negocio tan repentino.

SEÑORA CAPULET

Buenas noches:
Vete a la cama y el resto; Has necesario.

Exeunt señora CAPULET y enfermera

JULIET

¡ Adiós! Dios sabe cuándo nos volveremos a encontrar.
Tengo un débil temor frío emociona por mis venas,
Casi se congela el calor de la vida:
Yo les llamo volver otra vez para consolarme:

Enfermera! ¿Qué debe hacer aquí?
Mi triste escena que necesita debo actuar solo.
Ven, vial.
¿Qué pasa si esta mezcla no funcionan en absoluto?
¿Debo estar casada entonces mañana por la mañana?
No: esto se lo prohíben: tú tumbado.

Establecen su daga

¿Qué pasa si sería un veneno, que el fraile
Sutilmente ha ministro tenía que haberme muerto,
Para que no debería estar en este matrimonio le deshonra,
¿Porque me había había casado a Romeo?
Me temo que es: y sin embargo, creo, no, debe
Para él ha sido todavía probado un hombre santo.
¿Si, cuando me puse en la tumba,
Despertar antes de la hora Romeo
¿Venido a redimirme? Hay un punto de miedo!
¿No, entonces seré sofocado en la bóveda,
A cuya boca no respira aire saludable,
¿Y allí morir estrangulado aquí viene mi Romeo?
O, si vivo, no es muy...
La presunción de muerte y por la noche, horrible
Junto con el terror del lugar,...
Como en una bóveda, un receptáculo antiguo,
Donde, por estos cien años, los huesos
De todos mis ancestros enterrados son embalados:
Sangrienta donde Tybalt, todavía pero verde en la tierra,
Se encuentra infectada en su mortaja; donde, según dicen,
En algunas horas en los espíritus de la noche recurrir;...
Qué pena, qué pena, no es como que yo,
Despertar temprano, con olores repugnantes,
Y gritos como mandrágoras arrancadas de la tierra,
Que los mortales vivos, oírlas, ejecutar locos:...
Oh, si me despierto, no seré angustiada,
¿Environed con todos estos temores horribles?
¿Y jugar con las juntas de mi antepasado locamente?

¿Y arrancar el Tybalt destrozado de su mortaja?
Y, en este ataque, con hueso de algún pariente grandes,
¿Como con un club, rociada mis sesos desesperado?
Oh, ¡ mira! Creo que veo fantasma de mi primo
Buscando a Romeo, que escupió su cuerpo
A punto de un estoque: estancia, Tybalt, estancia!
Romeo, voy! este tomo a ti.

Ella cae sobre su cama, dentro de las cortinas

ESCENA IV. Sala en casa de Capuleto.

Introduzca señora CAPULET y enfermera

SEÑORA CAPULET

Espera, toma las llaves y buscar más especias, enfermera.

Enfermera

Llaman para fechas y membrillos en la masa.

Introduzca CAPULET

CAPULET

Ven, revolver, revolver, agitar! la segunda llave tiene Cuervo sería,
Ha sonado la campana de toque de queda, ' tis 3:00:
Mira a las carnes asadas, Angelica buena:
No por el costo de repuesto.

Enfermera

¡ Vamos, te quean cuna,
Ir a la cama; fe, vas a estar enfermo mañana
Para ver esta noche.

CAPULET

No, ni un ápice: Qué! Tengo un reloj que aquí ahora
Toda la noche por causa de menor y nunca estado enferma.

SEÑORA CAPULET

Sí, has sido una caza del ratón en su tiempo;
Pero te veré desde estas viendo ahora.

Exeunt señora CAPULET y enfermera

CAPULET

Una campana de celosos, una capucha celosa!

Entrar en Servingmen tres o cuatro, con asadores, registros y cestas

Ahora, amigo,
¿Por qué?

Primer criado

Cosas para el cocinero, señor; Pero no lo sé.

CAPULET

Date prisa, date prisa.

Salida primer criado

Sirrah, buscar registros de secos:
Llamar a Peter, él te mostrará dónde están.

Segundo criado

Tengo una cabeza, señor, que descubrirá los registros,
Y nunca problemas Peter para la materia.

Salida

CAPULET

Masa y bueno, dijo; un whoreson feliz, ja!
Serás registrador de cabeza. Buena fe, ' día es:
El Condado llegará con música en directo,
Para entonces, dijo que lo haría: he oído cerca.

Dentro de la música

Enfermera! Esposa! ¿Ho! ¿Qué, enfermera, digo!

Vuelva a introducir la enfermera

Despertar a Juliet, ve a cortar para arriba;
Voy a ir y hablar con París: hie, date prisa,
Date prisa; el novio que ya ha venido:
Date prisa, digo.

Exeunt

ESCENA V. Cámara de Juliet.

Entrar en enfermera

Enfermera

Señora! ¿Qué, señora! Julieta! rápido, le garantizo:
Por eso, cordero! por eso, señora! FIE, usted babosa cama!
¿Por qué, amor, yo digo! Señora! dulce corazón! ¿por qué, novia!
¿Qué, ni una palabra? llevas tus pennyworths ahora;
Dormir durante una semana; para la noche siguiente, creedme,
El Condado de París ha configurado su descanso,
Que descansarás, pero poco. Dios me perdone,
Casarse, y Amén, cuán sólida es ella durmiendo!
Debo necesita despertarla. Señora, señora, señora!
Ay, que el condado le lleve en su cama;
Él te podrá fright, ' fe. ¿No será?

Undraws las cortinas

¿Había vestido! y en la ropa! y abajo otra vez!
Debo necesita despertarte; Lady! Señora! Señora!
¡ Ay, Ay! Ayuda, ayuda! mi señora está muerta!
Oh, bueno-al día, que alguna vez nací!
Algunos aqua vitae, ho! Mi señor! mi señora!

Entrar señora CAPULET

SEÑORA CAPULET

¿Qué ruido es aquí?

Enfermera

O día lamentable!

SEÑORA CAPULET

¿Cuál es el problema?

Enfermera

Mira, mira! El gran día!

SEÑORA CAPULET

O yo, O me! Mi hijo, mi única vida,
Revivir, buscar o moriré contigo!
Ayuda, ayuda! Llame a ayuda.

Introduzca CAPULET

CAPULET

Por favor, traigan a Juliet; es venir a su señor.

Enfermera

Está muerta, difuntos, está muerta; Ay el día!

SEÑORA CAPULET

Ay el día, ella está muerta, está muerta, está muerta!

CAPULET

Ja! Déjame ver: hacia fuera, ¡ Ay! Ella es fría:
Su sangre es colocada, y sus articulaciones son rígidas;
Larga vida y estos labios se han separado:
Muerte mentiras sobre ella como una helada prematura
Sobre la flor más bella de todo el campo.

Enfermera

O día lamentable!

SEÑORA CAPULET

El tiempo woful!

CAPULET

La muerte, que tiene reveses ella ahí para hacerme de pared,
Lazos a mi lengua y la voluntad no me deja hablar.

Entra Fray Lorenzo y PARIS, con los músicos

FRAY LORENZO

¿Ven, está listo para ir a la iglesia la novia?

CAPULET

Estoy listo para ir, pero para no volver jamás.
Oh hijo! la víspera del día de tu boda
La muerte ha mentido con tu esposa. Allí yace,
Flor como estaba, deshonrada por él.
La muerte es mi yerno, la muerte es mi heredero;
Mi hija ha casado: Yo moriré,
Y dejarlo todo; vida, vivir, todo es de muerte.

PARÍS

He pensado mucho a ver la cara de esta mañana,
¿Y eso me da algo como esto?

SEÑORA CAPULET

Día maldito, infeliz, miserable, lleno de odio!
Hora más miserable que el tiempo e ' er vi
Duración del trabajo de su peregrinación!
Pero uno, pobre, pobre y amoroso niño,
Pero una cosa se regocijan y consuelo,
Y muerte cruel ha captura tenía de mi vista!

Enfermera

¡ Ay! El día woful, woful, woful!
Día más lamentable, más woful,
Que nunca, nunca, hizo sin embargo he aquí!
El día! El día! El día! El odioso día!
Nunca fue visto un día tan negro como este:
O woful, O woful día!

PARÍS

Seducido, divorciado, agraviado, spited, asesinado!
Más detestable muerte, por ti sería beguil,
Por cruel cruel te es derrocado.
¡ Amor! Oh vida! No la vida, pero el amor en la muerte!

CAPULET

Despreciado, angustiado, odiado, mártir que, sería matar!
Momento incómodo, por qué llegaste tú ahora
Para asesinar, matar a la solemnidad.
Oh niño! Oh niño! mi alma y no mi hijo!
Muerto eres tú! ¡ Qué pena! mi hijo está muerto;
Y con mi niño están enterrados mis alegrías.

FRAY LORENZO

Paz, ¡ qué vergüenza! cura de confusión no vive
En estas confusiones. El cielo y tú
Tuvo parte en esta hermosa doncella; Ahora el cielo tiene todo,
Y lo mejor a la doncella:
Su parte en ella no puedes evitar la muerte,
Pero el cielo sigue su parte en la vida eterna.
La mayoría busca fue su promoción;
Para ' twas tu cielo ella debe ser avanzada:
Y vosotros ahora, viendo que está avanzada
Por encima de las nubes, tan altas como el cielo mismo.
O, en este amor, amas a tu hijo muy enfermo,

Que ejecute loco, ver que está bien:
No está casada que vive casado largo;
Pero mejor está casada que muere casado joven.
Secó sus lágrimas y pegar tu Romero
En esta feria de Córcega; y, como es la costumbre,
En toda su variedad mejor le llevan a la iglesia:
Por naturaleza aunque aficionada nos manda un lamento,
Sin embargo, las lágrimas de la naturaleza son alegría de la razón.

CAPULET

Todas las cosas que hemos ordenado festival,
Girar desde su oficina a funeral negro;
Nuestros instrumentos para campanas melancólicas,
Nuestra alegría de boda a un triste banquete funerario,
Cambian nuestros himnos solemnes a dirges hoscos,
Nuestras flores nupciales sirven para un corse enterrado,
Y todas las cosas les cambian al contrario.

FRAY LORENZO

Señor, ¡ vete y, señora, vaya con él;
Y listo, señor Paris; preparar cada uno
Para seguir este corse justo a su tumba:
Los cielos cernían sobre ti para algunos enfermos;
Mueva los acabaron por cruce que será su alto.

Exeunt CAPULETO, la señora CAPULETO, PARIS y Fray Lorenzo

Primer músico

Fe, podemos poner nuestras pipas y hayan desaparecido.

Enfermera

Goodfellas honesto, ah, levantar, poner;
Bueno, esto es un caso lamentable.

Salida

Primer músico

Sí, por la fe, el caso podrá ser modificado.

Ingrese PETER

PETER

Músicos, O, músicos, ' facilidad de corazón, corazón
facilidad:' Oh, un me tendrás en vivo, jugar 'Facilidad de corazón'.

Primer músico

¿Por qué 'Facilidad de corazón'?

PETER

¡ Oh, músicos, porque mi corazón se juega ' mi
corazón está lleno de tristeza:' Oh, toca una pocilga feliz,
para consolarme.

Primer músico

No es un basurero. ' tis no hay tiempo para jugar ahora.

PETER

¿No lo harás, entonces?

Primer músico

Lol

PETER

Entonces te daré lo profundamente.

Primer músico

¿Qué nos darás?

PETER

Sin dinero, en mi fe, pero la gleek;
Te daré al juglar.

Primer músico

Entonces te daré la criatura de la porción.

PETER

Será entonces que voy a descansar daga de la porción-criatura.
el paté. No llevaré negras: voy a re...
Voy a fa; ¿se me nota?

Primer músico

Una te re fa y nosotros, nos observa.

Músico segundo

Ruego, levanta tu daga y poner tu ingenio.

PETER

Entonces tienen en usted con mi ingenio! Yo le seco-beat te
con un ingenio de hierro y poner mi puñal de hierro. Respuesta
Me como los hombres:
' Cuando quejándose de dolor en el corazón de la herida,
Y triste volcados de oprimir a la mente,
Entonces la música con su sonido plata '...
¿por qué 'sonido de plata'? ¿por qué ' música con su plata
¿sonido '? ¿Qué dices, Simon Catling?

Músico

Casarse, señor, porque la plata tiene un sonido dulce.

PETER

¡bonita! ¿Qué dices, Hugh Rebeck?

Músico segundo

Digo 'sonido de plata', porque músicos de sonido para la plata.

PETER

Bastante demasiado! ¿Qué dices, James Soundpost.

Tercer músico

Fe, no lo sé decir.

PETER

Oh, te grito misericordia; Eres el cantante: voy a decir
Para tí. Es 'la música con su sonido plata '
porque los músicos no tienen oro para sonar:
' Entonces la música con su sonido plata
Con rápida ayuda prestan reparación. "

Salida

Primer músico

¿Qué un pestilente bribón es esta mismo!

Músico segundo

Colgarlo, Jack! Ven, vamos a entrar; alquitranadas para el
los dolientes y quedarse la cena.

Exeunt

ACTO V

ESCENA I. Mantua. Una calle.

Entrar en ROMEO

ROMEO

Si puedo confiar la verdad favorecedor del sueño,
Mis sueños presagian una noticia alegre a mano:
Señor de mi pecho ligeramente sentado en su trono;
Y todo el día una unaccustom le espíritu
Me eleva por encima del suelo con pensamientos alegres.
Soñé que mi señora llegó y me encontró muerta.
Sueño extraño, que le da un permiso de hombre muerto pensar!...
Y respiraba esa vida con besos en los labios,
Que revivió y era un emperador.
¡ Me! Qué dulce es increíble amor propio,
Pero el amor es cuando las sombras son tan ricas en alegría!

Entra Baltasar, arrancado

Noticias de Verona!... Cómo ahora, Balthasar!
¿Tú no trae cartas del Fraile?
¿Cómo está a mi señora? ¿Está bien mi padre?
¿Cómo está a mi Julieta? pido otra vez;
Para nada puede estar mal, si es bueno.

BALTHASAR

Entonces ella se encuentra bien, y nada puede estar mal:
Su cuerpo duerme en monumento de Capel,
Y su parte inmortal con vida de los Ángeles.
Vi herido en bóveda de su parentela,
Y actualmente se llevó puesto a decir:
Oh, discúlpeme por traer estas malas nuevas,
Desde que lo dejaste por mi despacho.

ROMEO

¿Es así? Entonces te desafío, estrellas!
Tú sabéis mi alojamiento: tráeme tinta y papel,
Y contratar a los caballos; Lo haré por lo tanto, esta noche.

BALTHASAR

Te suplico, señor, ten paciencia:
Tus miradas son pálidos y salvajes y la importación
Algún contratiempo.

ROMEO

Tush, tú eres engañado:
Déjame y hacer lo que deseo hacer.
No ¿tienes tú ninguna carta para mí desde el fraile?

BALTHASAR

No, mi señor.

ROMEO

No importa: Vete,
Y contratar a los caballos; Voy a estar contigo recta.

Salida BALTHASAR

Bueno, Juliet, se acostará contigo esta noche.
Vamos a ver para los medios: travesura O, tú eres veloz
Para entrar en los pensamientos de hombres desesperados!
Recuerdo un boticario,...
Y aquí habita,--que tarde he observado
En tatter tenía malas hierbas, con cejas abrumadoras,
Sacrificio de simples; Corvina eran sus miradas,
Agudo sufrimiento le había llevado a los huesos:
Y en su tienda necesitado una tortuga colgado,
Sería una cosa de piel de cocodrilo y otras pieles
De peces en forma de enfermedad; y sobre sus estantes

Una cuenta de beggarly de cajas vacías,
Macetas de barro verdes, vejigas y semillas mohosos,
Restos de packthread y viejos tortas de rosas,
Fueron finamente dispersión tuvieron, para hacer un show.
Observando esta penuria, me dije.
' Un si un hombre necesitó un veneno,
Cuya venta es la muerte presente en Mantua,
Aquí vive un miserable menguado vendería lo.'
¡ Oh, este mismo pensamiento lo hice pero antesala mi necesidad;
Y este mismo hombre necesitado debe venderlo me.
Como recuerdo, ésta debe ser la casa.
Al ser día de fiesta, tienda del mendigo está cerrada.
¿Ho! Boticario!

Ingrese boticario

Boticario

¿Quién llama tan fuerte?

ROMEO

Acércate, hombre. Veo que eres pobre:
Espera, hay cuarenta ducados: Dame
Una copita de veneno, tan pronto-velocidad engranajes
Como sí mismo terminará por todas las venas
Que el tomador cansados de la vida puede caer muerto
Y que puede descargarse el tronco de la respiración
Como polvo violentamente como precipitado despedido
Prisa del vientre del cañón fatal.

Boticario

Tales drogas mortales que tengo; Pero la ley de Mantua
Es la muerte que expenda les.

ROMEO

Eres tan desnudo y lleno de miseria,
¿Y fear'st a morir? hambruna es en mejillas,
Necesidad y opresión starveth en tus ojos,
Desprecio y mendicidad cuelga sobre tu espalda;
El mundo no es tu amigo ni la ley del mundo;
El mundo no brinda ninguna ley para hacerte rico;
Entonces no ser pobre, pero romperlo y toma esto.

Boticario

Mi pobreza, pero no se haga mi voluntad, consentimientos.

ROMEO

Pagar tu pobreza y no tu voluntad.

Boticario

Pon esto en cualquier cosa líquida que lo hará,
Y beber y, si tienes la fuerza
De veinte hombres, podría enviar te recta.

ROMEO

Ahí está tu oro, peor veneno para las almas de los hombres,
Haciendo más asesinatos en este mundo repugnante,
Que estos compuestos pobres que no te deja vender.
Te vendo veneno; Tú me has vendido ninguno.
Adiós: comprar comida y llegar a ti mismo en carne.
Ven, cordial y no veneno, ir conmigo
A la tumba de Julieta; por ahí te debo usar.

Exeunt

ESCENA II. Célula de Friar Laurence.

Introduzca el fraile JOHN

JOHN FRAILE

Santo Fraile Franciscano. hermano, ho!

Entra Fray Lorenzo

FRAY LORENZO

La misma debe ser la voz de Fray Juan.
¡ Bienvenido de Mantua: ¿Qué dice Romeo?
O, si su mente ser escritura, denme su carta.

JOHN FRAILE

Va a encontrar a un hermano de los pies descalzos
Una de nuestra orden, asociar
Aquí en esta ciudad visitando a los enfermos,
Y encontrarlo, los buscadores de la ciudad,
Ante la sospecha de que ambos estábamos en una casa
Donde reinó la peste infecciosa,
Sello sería hasta las puertas y no nos dejarían
Así que mi velocidad a Mantua allí era estancia.

FRAY LORENZO

¿Que desnudo mi carta, entonces, a Romeo?

JOHN FRAILE

Yo no lo podría enviar,... aquí está de nuevo...
Ni un mensajero a traerlo
Tan temerosas eran de la infección.

FRAY LORENZO

Infeliz fortuna! por mis hermanos,
La carta no fue agradable pero llena de carga
De importación estimado y el descuidarla
Puede hacer mucho peligro. John Fraile, retiraos;
Tráeme un cuervo de hierro y llevarlo directamente
A mi celular.

JOHN FRAILE

Hermano, podrá ir y te traigan.

Salida

FRAY LORENZO

Ahora debo al monumento solo;
Dentro de tres horas se activará justa Juliet:
Ella se me ofendería mucho ese Romeo
No ha tenido ningún aviso de estos accidentes;
Pero voy a escribir otra vez a Mantua,
Y tenerla en mi celda hasta que Romeo;
Pobres que viven corse, cerrado en la tumba de un hombre muerto!

Salida

Escena III. Un cementerio; en ella una tumba perteneciente a los Capuleto.

Entrar en París y su página con flores y una antorcha

PARÍS

Dame tu antorcha, muchacho: por lo tanto y distante:
Sin embargo, poner para no se verían.
Bajo ese tejos te ponen todo el tiempo,
Sosteniendo tu oído cerca de la tierra hueca;
Así no deberá pisar ningún pie en el cementerio,
Ser flojo, unfirm, con desenterrar de graves,
Pero lo oirás: silbato entonces para mí,
Como señal de que tú hear'st algo acercarse.
Dame esas flores. Lo que os deseo, ir.

PÁGINA

[Aparte] Me da miedo a estar solo
Aquí en el cementerio; Sin embargo se aventura.

Se retira

PARÍS

Dulce flor, con flores de tu lecho nupcial derraman,...
¡ Ay! tu dosel es polvo y piedras;...
Que con agua dulce nocturno será el rocío,
O, esperando que, con lágrimas destila por gemidos:
Las exequias que te mantendré
Por la noche será a derramar tu sepulcro y llora.

Los silbidos de página

El niño da advertencia que algo acercarse.
¿Qué pie maldita vaga así esta noche,
¿Cruzar mis exequias y el rito del amor verdadero?
¿Con una antorcha. mufla conmigo, la noche, un rato.

Se retira

Entran ROMEO y Baltasar, con una antorcha, azada & c

ROMEO

Dame la azada y el hierro desgarradora.
Hold, lleve esta carta; temprano en la mañana
Ver tu entrega a mi señor y mi padre.
Dame la luz: en tu vida, te cobro
Haced hear'st o ves, estar muy distante,
Y no me interrumpas en mi curso.
¿Por qué desciendo en este lecho de muerte,
Es en parte para contemplar la cara de mi señora;
Pero principalmente para tomar allí desde su dedo muerto
Un precioso anillo, un anillo que debo usar
Empleo estimado: por lo tanto, por lo tanto, se ha ido:
Pero si tú, celoso, volver a curiosear
En lo que además se pretende hacer,
Por el cielo, yo te destruirá por empalme
Y derramar este cementerio hambre con tus extremidades:

El tiempo y mis intenciones son salvajes salvaje,
Más feroz y más inexorable lejos
Que tigres vacíos o el mar rugiente.

BALTHASAR

Me iré, señor y no molestarlo.

ROMEO

Entonces serás tú enseñarme amistad. Toma eso:
Vivir y ser próspero: Adiós, buen compañero.

BALTHASAR

[Aparte] Para todos esta misma, te escondo me aquí:
Me temo que su apariencia, y dudo que sus intenciones.

Se retira

ROMEO

Tú fauces detestable, tu vientre de muerte,
Saciada con el bocado más querido de la tierra,
Por lo tanto hago cumplir tus mandíbulas podridas para abrir,
Y, en a pesar, podrás meter te con más comida.

Se abre la tumba

PARÍS

Esto es que estoy Montague altivo,
Ese asesinato tenía primo de mi amor, que pena,
Se supone, que murió la criatura justa;
Y aquí viene a hacer alguna vergüenza villanos
A los cadáveres: yo a aprehenderlo.

Viene adelante

Deja tu impuro toil, Montague vil!
¿Puede ser perseguida más allá de la muerte venganza?

Villano condenado, aprehender a ti:
Obedecer y conmigo; Porque tú debes morir.

ROMEO

Debe en efecto; y por lo tanto vino acá.
Tentar a buena juventud suave, no un hombre desesperado;
Volar por lo tanto y déjame: piensa sobre estos ido;
Deja que te turben. Te ruego, juventud,
Poner no otro pecado sobre mi cabeza,
Me instando a furia: ¡ hayan desaparecido!
Por el cielo, te amo mejor que yo;
Porque vengo acá sería brazo contra mí:
Estancia no, se ha ido; vivo y más adelante dice,
Merced de un loco os ofrecimos huir.

PARÍS

Desafío a tus conjuros,
Y aprehender a ti para un delincuente aquí.

ROMEO

¿Quieres tú me provocas? Entonces tenemos en ti, chico!

Se pelean

PÁGINA

Oh Señor, pelean! Voy a llamar a la guardia.

Salida

PARÍS

Oh, estoy muerto!

Cae

Si tú eres misericordioso,
Abrir la tumba, me pone con Juliet.

Muere

ROMEO

En la fe, lo haré. Déjame leer esta cara.
Pariente de Mercutio, noble Condado de París!
Lo que dijo mi amigo, cuando mi alma betossed
¿No le asistió como viajamos? Creo
Me dijo que París deberían haberse casado con Juliet:
¿Dijo que no es así? ¿o lo soñé así?
O estoy loco, escucharlo hablar de Julieta,
¿Pensar que fue así? ¡ Oh, dame tu mano,
Una escritura conmigo en libro de amargo infortunio!
A te entierro en una tumba triunfal;
¿Una tumba? Oh no! una linterna, matanza tenía juventud,
Aquí yace a Juliet, y hace que su belleza
Esta bóveda una presencia banquetea llena de luz.
Muerte, tú ahí, por un hombre muerto que interr.

Colocación de París en la tumba

Cuántas veces cuando los hombres están a punto de muerte
¿Han sido felices! que llaman a sus cuidadores
Un rayo antes de la muerte: ¡ Oh, cómo puedo
¿Llamar a esto un rayo? Oh mi amor! mi esposa!
La muerte, que tiene chupar tenía la miel de tu aliento,
Ha no tenía el poder aún sobre tu belleza:
Tú no eres Baco; Sin embargo el alférez de la belleza
Es carmesí en tus labios y mejillas,
Y la bandera pálido de la muerte no es avanzada allí.
¿Tybalt, estás tú allí en tu hoja maldita?
O, lo que más favorecen puedo hacer a ti,
Que con la mano que corta tu juventud en dos
¿Para su sunder fue tu enemigo?
Perdóname, primo! ¡ Ah, querida Julieta,
¿Por qué todavía eres tan bella? yo creeré
Que la muerte etérea es amorosa,

Y que el magro aborrecido monstruo mantiene
¿Ti aquí en la oscuridad para ser su amante?
Por temor a, todavía estaré contigo;
Y nunca de este palacio de la noche oscura
Salen otra vez: aquí, aquí te sigo
Con gusanos que son tus cámara-doncellas; ¡ Oh, aquí
A establecer mi descanso eterno,
Y sacudir el yugo de estrellas adversas
De esta carne fatigadael. Los ojos, mira la última!
Brazos, tomar tu último abrazo! y, los labios, O te
Puertas del aliento, sellado con un beso justo
Una ganga sin pareja a muerte!
Conducta amargo, venga, guía desagradable!
Tú piloto desesperado, a la vez funcionan con
El elegante rocas tu corteza cansado mareado!
Aquí está mi amor!

Bebidas

O Boticario verdadero!
Tus drogas son rápidos. Con un beso muero.

Muere

*Entrar, en el otro extremo del cementerio, FRIAR LAURENCE, con una
linterna, Cuervo y pala*

FRAY LORENZO

Saint Francis ser mi velocidad. Cuántas veces esta noche
Mis viejos pies han tropezado en tumbas! ¿Quién es?

BALTHASAR

Aquí está uno, un amigo y que conoce bien.

FRAY LORENZO

Bliss descienda sobre ti! Dime, buen amigo,
¿Qué antorcha es ese, en vano presta su luz
¿Las larvas y cráneos ciegas? como yo discierno,
Arde en el monumento de la Capel.

BALTHASAR

Hace a así, Santo Señor; y ahí está mi amo,
Uno que te gusta.

FRAY LORENZO

¿Quién es?

BALTHASAR

Romeo.

FRAY LORENZO

¿Cuánto tiempo ha estado allí?

BALTHASAR

Toda una hora y media.

FRAY LORENZO

Ir conmigo a la bóveda.

BALTHASAR

No, me atrevo señor
Mi amo no sabe, pero estoy ahí;
Y temeroso me amenaza con la muerte,
Si me quedo para mirar sobre sus intenciones.

FRAY LORENZO

Estancia, entonces; Voy a salir solo. El miedo viene sobre mí:
¡ Oh, mucho me temo que algo desafortunado enfermo.

BALTHASAR

Como me acosté bajo este árbol tejo,
Soñé que mi maestro y otro luchó,
Y que mi amo lo mató.

FRAY LORENZO

Romeo!

Avances

Ay, Ay, qué es esta sangre, que tiñe
¿La entrada pedregosa de este sepulcro?
¿Qué quiere decir estas espadas maestro y sangrientas
¿A la mentira discolour'd por este lugar de paz?

Entra en la tumba

Romeo! ¡ Oh, pálida! ¿Quién más? ¿Qué, París también?
¿Y escarpado en sangre? ¡ Ah, qué hora cruel
Es culpable de este lamentable oportunidad!
La dama se mueve.

Julieta despierta

JULIET

El Fraile cómodo! ¿Dónde está mi señor?
Recuerdo bien donde debería estar,
Y allí estaba yo. ¿Dónde está mi Romeo?

Ruido dentro de

FRAY LORENZO

He oído algo de ruido. Señora, provienen de ese nido
De muerte, contagio y sueño anormal:
Un mayor poder de lo que puede contradecir
Ha frustrado nuestras intenciones. Ven, ven lejos.

Tu marido en tu seno allí yace muerto;
Y París también. Venir, podrá disponer de ti
Entre una hermandad de las monjas santas:
Permanecer no a la pregunta, para que el reloj está llegando;
Vamos, vamos, Juliet buena,

Ruido otra vez

Ya no me atrevo a quedarme.

JULIET

Vete, vete de aquí, porque no lo haré.

Salida Fray Lorenzo

¿Qué es aquí? ¿una taza, cerrado en la mano de mi amor verdadero?
Veneno, veo, ha sido su fin intemporal:
El villano! amistoso bebido todo y no dejó caer   *
¿Que me ayude a seguirte? Voy a besar tus labios;
Quizás algún veneno
Para hacer con un restaurador.

Lo besa

Tus labios están calientes.

Primer vigilante

[En] Plomo, muchacho: ¿por dónde?

JULIET

¿Sí, ruido? a continuación, voy a ser breve. ¡ Feliz daga!

Arrebata el puñal de ROMEO

Esta es tu vaina;

Apuñala a sí misma

Hay moho y déjame morir.

Cae en el cuerpo de ROMEO y muere

Introduzca el reloj, con la página de París

PÁGINA

Este es el lugar; allí, donde la antorcha quema.

Primer vigilante

El suelo es sangriento; buscar en el cementerio:
Vaya, algunos de ustedes, eternamente encontrará adjuntar.
Vista lastimosa! Aquí yace el Condado asesinado,
Y Julieta sangra, cálida y recién muerta,
Que aquí ha mentido estos dos días sepultados.
Ir, Dile al príncipe: a los Capuleto:
Levantar los Montesco: buscar algunos otros:
Vemos la tierra que estos males mentir;
Pero la verdadera tierra de todos estos males lastimoso
Nosotros no podemos divisar sin las circunstancias.

Vuelva a introducir algunos de la guardia, con Baltasar

Segundo vigilante

Hombre de Romeo; lo encontramos en el cementerio.

Primer vigilante

Retenerlo en seguridad, Acércate hasta el príncipe.

Vuelva a introducir otros del reloj, con FRIAR LAURENCE

Tercer vigilante

Aquí está un fraile, que tiembla, suspira y llora:
Tomamos esto azadón y esta espada,
Como iba a venir de este lado del cementerio.

Primer vigilante

Una gran suspicacia: también me quedo el fraile.

Introduzca el príncipe y asistentes

PRÍNCIPE

¿Qué desventura es tan temprano
¿Eso merece a nuestra persona del resto de la mañana?

Ingrese CAPULETO, señora CAPULET y otros

CAPULET

¿Cuál debería ser, que así grite en el extranjero?

SEÑORA CAPULET

La gente en la calle llora Romeo,
Algunos Juliet y algunos París; y todo,
Con protesta abierta hacia nuestro monumento.

PRÍNCIPE

¿Qué miedo es lo que asusta en nuestros oídos?

Primer vigilante

Soberano, aquí se encuentra el Condado París muertos;
Y Romeo muertos; y Julieta, muerto antes,
Caliente y nuevo matar sería.

PRÍNCIPE

Buscar, buscar y saber cómo viene este vil asesinato.

Primer vigilante

Aquí está un Fraile y sacrificio ' d hombre de Romeo;
Con los instrumentos sobre ellos, apto para abrir
Tumbas de estos hombres muertos.

CAPULET

Oh cielos! Oh mujer, mira cómo sangra nuestra hija!
Esta daga tiene confundido--, lo, su casa
Está vacía en la parte posterior de Montague,...
Y mal forrado en el seno de mi hija!

SEÑORA CAPULET

¡ Me! Esta visión de la muerte es como una campana,
Advierte mi vejez al sepulcro.

Introduzca MONTAGUE y otros

PRÍNCIPE

Ven, Montague; Porque tú eres temprano,
A ver a tu hijo y heredero más temprano hacia abajo.

MONTAGUE

Por desgracia, mi señor, mi esposa está muerto esta noche;
Dolor del exilio de mi hijo ha stopp tenía su aliento:
¿Qué desgracia más conspira contra la edad mía?

PRÍNCIPE

Mira y tú verás.

MONTAGUE

Oh tú transmitida! ¿Qué modales tiene esto?
¿A la prensa antes de tu padre a una tumba?

PRÍNCIPE

Sellar la boca de indignación por un tiempo,
Hasta que podemos aclarar estas ambigüedades,
Y saber su primavera, su cabeza, sus
cierto descenso;
Y entonces seré general de sus problemas,
Y te llevará incluso a la muerte: mientras tanto tolerar,
Y desventura será esclavo de la paciencia.
Traigan a los partidos de la suspicacia.

FRAY LORENZO

Soy el más grande, capaz de hacer menos,
Todavía más sospechosos, como el momento y lugar
Hacer contra mí de este asesinato huirían;
Y aquí estoy, tanto para impugnar y purgar
Me condenaron y yo mismo excusado.

PRÍNCIPE

Luego decir al mismo tiempo lo que sabes en esto.

FRAY LORENZO

Voy a ser breve, para mi fecha corta de aliento
No es tan larga como es un cuento de tedioso.
Romeo, ahí muerto, era esposo de Julieta;
Y ella, ahí muerto, esposa fiel de ese Romeo:
Me casé con ellos; y su matrimonio-día de stol'n
Era día de Tybalt dooms, cuya muerte prematura
Estoy a hecho a nuevo novio de la ciudad,
Para ellos y no para Tybalt, Juliet desfallecía.
Para quitar ese asedio de dolor de ella,
Prometido y forzosamente habría casado con ella
Condado de París: Entonces ella viene a mí,
Y, con aspecto salvaje, me invitan a idear algo malo
Le deshacerse de este segundo matrimonio,

O en mi celular que suicidaría.
Luego me dio ella, así que el tutor'd por mi arte,
Una poción para dormir; Así que entraron en vigor
Como pretendía, por eso forjado en ella
La forma de la muerte: mientras tanto recurso a Romeo,
Que él debería venir acá como esta noche extrema,
Para ayudar a llevarla de ella borrow'd graves,
El tiempo debería cesar de fuerza de la poción.
Pero él que llevaba mi carta, John Fraile,
Estancia era por accidente y yesternight
Retorno tuvo mi carta. Entonces solo
A la hora fijada de su despertar,
Vino para llevarla de bóveda de su parentela;
Significado para mantenerla cerca en mi celda,
Hasta podría enviar a Romeo convenientemente:
Pero cuando llegué, algunos minutos antes del tiempo
De ella se despierta, aquí destiempo lay
El noble Paris y Romeo verdadero muerto.
Se despierta; y he mandado venir adelante,
Y tengan paciencia este trabajo del cielo:
Pero entonces un ruido me asusta de la tumba;
Y ella, muy desesperado, no iría conmigo,
Pero, como parece, la violencia en sí misma.
Todo esto lo sé; y el matrimonio
Su enfermera está al tanto: y, si nada de esto
Abortado por mi culpa, dejar mi vida
Ser sacrificado, algunas horas antes de su tiempo,
Al rigor de la ley más severa.

PRÍNCIPE

Todavía te hemos conocido a un hombre santo.
¿Dónde está Romeo? ¿Qué puede decir de esto?

BALTHASAR

Mi principal noticia de la muerte de Juliet;
Y luego en post venía de Mantua
En este mismo lugar, a este mismo monumento.
Esta carta el temprano manda que me dan a su padre,
Y me amenazaron de muerte, en la bóveda,
Lo partieron no y lo dejé allí.

PRÍNCIPE

Dame la carta; Voy a mirar en él.
¿Dónde está la página del condado, que levantó el reloj?
Sirrah, ¿qué hizo su maestría en este lugar?

PÁGINA

Él vino con flores para derramar la tumba de su esposa;
Y me invitan a estar distante, y así lo hice:
Anon viene uno con luz para abrir la tumba;
Y a mi maestro dibujó en él;
Y entonces me escapé a llamar el reloj.

PRÍNCIPE

Esta carta hacer buenas palabras del Fraile,
Su curso del amor, la noticia de su muerte:
Y aquí escribe que él compró un veneno
De un pobre ' pothecary y therewithal
Vino a esta cámara a morir y mentir con Juliet.
Que estos enemigos. Capuleto! Montague.
Ves, lo dispuesto sobre el odio, un flagelo
Que el cielo encuentra medios para matar a tus alegrías con amor.
Y yo también un guiño sus discordias
Han perdido un par de parientes: todos son punish'd.

CAPULET

Oh hermano Montague, dame tu mano:
Este es el origen de mi hija, para no más
¿Puedo yo exijo.

MONTAGUE

Pero te puedo dar más:
Para subo su estatua en oro puro;
Que mientras Verona con ese nombre se conoce,
Allí deberá no establecerse ninguna figura en dicha tasa
Como la de Juliet verdadera y fiel.

CAPULET

Como ricos serán de Romeo por mentira de su dama;
Pobres sacrificios de nuestra enemistad.

PRÍNCIPE

Una paz lúgubre trae esta mañana con él;
El sol, por tristeza, no mostrará su cabeza:
Por lo tanto, vaya a haber más hablar de estas cosas tristes;
Algunos serán indulto sería y algunos castigados:
For never was a story of more woe
Than this of Juliet and her Romeo.

Exeunt

SOBRE EL AUTOR

William Shakespeare (26 de abril de 1564 (bautizado) – 23 de abril de 1616) fue un escritor inglés que escribió 37 obras de teatro y también 2 poemas muy largos en su vida. Vivía en Stratford-upon-Avon, en Warwickshire, Inglaterra. Sus obras aún se realizan hoy en día. Él es a menudo citado en la escritura moderna.por 1594 era un actor en hombres el Chambelán actuando la empresa.

Sus obras son de diferentes tipos o géneros. Hay historias, tragedias y comedias. Estos juegos están entre las más conocidas en la literatura inglesa y se estudian en las escuelas de todo el mundo. Shakespeare escribió sus obras entre hacia 1590 y 1613.

Shakespeare ha sido acreditado para agregar nuevas palabras y frases en la lengua inglesa y para hacer algunas palabras más popular.

Made in the USA
Monee, IL
15 January 2020